ALL ABOUT HISTORY

萤火虫 REFLY

Naval Warfare

改变历史的经典海战与武器

[英] 查尔斯·金杰 编著　　谭皓 李东航 译

图书在版编目（CIP）数据

改变历史的经典海战与武器 / (英) 查尔斯·金杰编著；谭皓，李东航译. -- 北京 : 中国画报出版社，2023.6（2025.10重印）
（萤火虫书系）
书名原文: History of War Naval Warfare
ISBN 978-7-5146-2185-3

Ⅰ. ①改… Ⅱ. ①查… ②谭… ③李… Ⅲ. ①海战－战争史－世界 Ⅳ. ①E19

中国国家版本馆CIP数据核字(2023)第081979号

改变历史的经典海战与武器

［英］查尔斯·金杰 编著　　谭 皓 李东航 译

出 版 人：方允仲
审　　校：崔学森
责任编辑：李　媛
内文排版：郭廷欢
责任印制：焦　洋

出版发行：中国画报出版社
地　　址：中国北京市海淀区车公庄西路33号　邮　　编：100048
发 行 部：010-88417410　010-68414683（传真）
总编室兼传真：010-88417359　版权部：010-88417359

开　　本：16开（787mm×1092mm）
印　　张：12.5
字　　数：220千字
版　　次：2023年6月第1版　2025年10月第3次印刷
印　　刷：三河市金兆印刷装订有限公司
书　　号：ISBN 978-7-5146-2185-3
定　　价：75.00元

欢迎来到海上战场

"该死的鱼雷，全速前进!"（Grab the taffrail, sailor!）这是美国内战时期，美国海军上将法拉格特在莫比尔湾海战中留下的最为人熟知的名言。今天，你也将化身一名水兵，赶紧抓住桅杆，我们的海战简史之旅即将起航!

现在你已经来到了一个充满残酷的海战、尖端的战舰和杰出的指挥官的世界。你将亲历希波战争、尼罗河河口海战、特拉法尔加海战、中途岛海战等影响人类历史走向的经典海战；还将目睹成功击溃波斯舰队的雅典执政官地米斯托克利、被誉为海战大师的奥斯曼帝国海军元帅巴巴罗萨·海雷丁、指挥旗舰"胜利"号成功击败拿破仑的英国皇家海军上将霍雷肖·纳尔逊子爵等诸多叱咤风云的海战指挥官的身影，并见证伟大战舰的前世今生乃至未来走向。

这些海战中的人、物、事虽然随着滚滚海水已成往事，但相关记忆则如同潮起潮落永远不会消失。海战不仅成就我们的过去，也将塑造我们的未来。

目录

桨与和平

航海时代

怒海争锋

战舰未来

桨与和平

登上最古老的战舰，再现伟大的古代海战的历程

萨拉米斯海战

尽管敌我人数悬殊，但希腊最终以少胜多，
在海上成功击败了波斯

穆雷·达姆（Murray Dahm）

公元前480年夏，波斯国王薛西斯一世率领一支庞大的军队入侵希腊。传闻波斯此次派出了1200艘战舰，运载500万人乘风破浪而来。虽然如今没有人相信这些数字，但对当年的希腊而言，此次入侵规模空前。波斯的入侵名义上是为惩罚雅典和埃雷特里亚于15年前参与了爱奥尼亚起义，然而，相关资料表明薛西斯的真实目的是征服希腊并将之划入自己的版图。正是萨拉米斯海战将这次入侵推向了高潮。

波斯人穿过赫勒斯滂海峡（今达达尼尔海峡）向希腊南下时，兵分海陆两路，分别到达了希腊北部的温泉关及其附近的阿提密西安海角。在那里，希腊人计划阻挡波斯的进攻。当时希腊诸城邦（如马其顿王国）面临两种选择——要么屈服于波斯的统治，加入其入侵队伍；要么奋起抵抗，但可能被赶尽杀绝。于是，便出现了一些投靠波斯的国家，这些国家在希腊语中被称为“叛投波斯者”[medisers，读音与“米底人”（Medes）相近，因为米底人与波斯人来自同一国家，故属于同义词]。希腊之前在坦佩迎战波斯军队并阻挡其向北进军的计划也只能被迫取消，这也暴露了希腊面临的一大难题——团结问题。

双方力量

希腊城邦

领导者

地米斯托克利

三列桨座战船

271

对战

波斯

领导者

薛西斯一世

三列桨座战船

1207

这幅1868年的画作描绘了海战的一个瞬间：薛西斯从王座上跳下，阿尔忒弥西亚则向希腊人射箭

▲ 公元前486年，大流士一世去世，他的儿子薛西斯成为国王

▲ 薛西斯的兄弟阿里亚比格涅在战斗中阵亡

城邦联盟

当时的希腊是一个城邦联盟，其内部各城邦治理方式不同，语言各异，拥有不同的利益诉求，彼此间也因领土和宗教纷争而常年战火不断。其中雅典和斯巴达是两个最大的城邦，也是绝大多数希腊城邦的代表。其他城邦规模相对较小，所以大多唯斯巴达和雅典（照此次序）马首是瞻。以伯罗奔尼撒半岛为中心的斯巴达有着独特的“双工制”政治体制，依靠军事力量控制领土。这些皆因名为“黑劳士”[①]的城邦奴隶制得以运转，斯巴达公民（斯巴达人）则专注于军事训练。可见，斯巴达是希腊城邦中的军事领袖。然而，这并不代表其发展毫无挫折，一帆风顺。斯巴达人的矛盾集中于本土（黑劳士人口数量远超斯巴达人，两者人口比例高达20：1），率军远离伯罗奔尼撒半岛作战绝非易事。相比之下，雅典控制着阿提卡半岛的大片区域，其新兴的民主政体虽然只有30年的历史，但却孕育出资本主义以及戏剧和哲学等新思想；而且雅典人十分自信，敢

① 一般指拉科尼亚原住民，被斯巴达征服后沦为奴隶。

▲ 雅典政治家地米斯托克利有着长远的眼光和高超的游说能力

于与斯巴达分庭抗礼。雅典因曾参与爱奥尼亚起义，已在十年前的马拉松战役中遭受并抵御了波斯的第一次入侵。彼时，希腊不费吹灰之力就击败了（规模小得多的）波斯军队。另外，雅典人可能在公元前5世纪80年代就已拥有一支配有三列桨座战船的海军。这一切都要归功于雅典政治家地米斯托克利，他在后来的萨拉米斯海战中发挥了主要作用。

尽管斯巴达派出的三百勇士已在温泉关全部阵亡，但这并非决定性的失败。还有700名斯皮亚人和400名底比斯人参与了战斗，只是后世对其牺牲知之甚少。此时其他城邦已经撤兵，希腊人随后就如何维系联盟的团结问题展开了激烈的辩论。斯巴达人和伯罗奔尼撒的其他城邦赞成撤兵至伯罗奔尼撒半岛，在科林斯地峡修建一堵城墙进行防御。不过，希腊联合海军与温泉关战役时一样，早已将三列桨座战船集结在阿提密西安。根据历史学家希罗多德的说法（这也是今人了解这场海战的最佳材料），希腊人派出一支配有271艘三列桨座战船的舰队，该舰队由127艘雅典舰船组成，迎战约800艘波斯舰船。希腊虽在舰船数量上处于劣势，但享有地理上的优势：波斯人不了解爱琴海西部的天气规律，已因风暴失去了三分之一的舰船；此次海战中波斯又派遣了200艘舰船绕过埃维亚岛，试图切断希腊的退路，但这些舰船同样葬身海底。

温泉关陷落后，希腊海军便从阿提密西安撤军。由于大多数舰船来自雅典，雅典人要求舰队前往雅典附近的萨拉米斯海峡集结。随后，雅典舰队及其他城邦的舰船一同抵达萨拉米斯。虽然这些城邦有的只贡献了一只三列桨座战船，但这仍然意义重大。在这支舰队中，排名第一的雅典

雅典孕育出资本主义以及戏剧和哲学等新思想；而且十分自信，敢于与斯巴达分庭抗礼。

薛西斯在艾加里奥山山顶
观看萨拉米斯海战

贡献了180艘三列桨座战船；排名第二者科林斯贡献了40艘三列桨座战船，由此不难看出雅典的实力雄厚和物资富饶。不过，团结问题仍是希腊面临的主要难题。为了确保内部团结，尽管斯巴达只派出了16艘舰船，但雅典仍将指挥权全权交给斯巴达司令官欧里比亚德斯。随着波斯军队步步紧逼，地米斯托克利意识到希腊舰队即将背水一战。而希腊之所以将萨拉米斯作为战场并制定了海战策略，要归功于地米斯托克利这位天才。

神明的援手

几乎在每一次行动之前，希腊人都会询问神明的旨意，求神问卜已成为生活的一部分。德尔斐的阿波罗神庙是最有声望的神示所，人们前往参拜，倾听神谕。许多希腊城邦常在神示所寻求指引（这些指引通常是含义模糊的晦涩诗歌）。德尔斐神示所向雅典人传谕："唯有木墙不能倒。"许多雅典人认为神谕所言之木墙指的是雅典卫城山上的木制栅栏防御工事，但地米斯托克利却认为木墙是指希腊舰队的木质船体，船体会助其在战斗中乘风破浪。更重要的是，地米斯托克利说服了大多数雅典人，跟随其奔赴战场。此时，雅典已成空城（人员被转移至特罗曾、埃伊纳岛和萨拉米斯岛），希腊人准备死守萨拉米斯海峡的阵地（这里也被占卜选中）。不过，希罗多德的这些记述因1960年在特罗曾出土的《地米斯托克利法令》碑文而遭到质疑，因为碑文显示撤空雅典及通过保卫阿提密西安进而保卫萨拉米斯的计划早在波斯人入侵之前就已实施。

雅典在燃烧

那些曾认为卫城周边的木墙会保护其免于危难的雅典居民，很快就意识到自己错了。攻入城内的波斯军队放火将卫城付之一炬，雅典祭司口中能够保护他们的巨蛇并未出现。萨拉米斯和埃伊纳岛的雅典居民只能眼睁睁地看着他们的房屋燃起大火，浓烟滚滚，直上云霄。这一幕无疑坚定了希腊舰队中许多士兵的决心，但仍有人想逃跑，可见实现团结仍是难题。希罗多德告诉我们，当时希腊人已经做出撤出萨拉米斯并保卫科林斯地峡的决定。然而，地米斯托克利对此坚决予以反对，并成功说服欧里比亚德斯继续留在萨拉米斯作战。

波斯舰队虽因风暴和阿提密西安战役有所损耗，但在战舰数量上仍远超希腊城邦组成的联合舰队。据希罗多德所述，波斯国王薛西斯安排1207艘三列桨座战船打头阵（希罗多德还提及了一些小型舰船，如单层桨战船即五十桨船，但并未言明数量），而在前往萨拉米斯时的损耗也很快得到补充，足见波斯舰队规模之大，令人咋舌。其实，1207艘这个数字看似让人难以置信（仅桨手就要24万名），且经过现代复盘认为其应在400艘到900艘之间，但鉴于从印度到土耳其、从埃及到亚美尼亚都是波斯帝国的管辖范围，可以推断薛西斯雄厚的实力足以支撑起如此规模。虽然每艘舰船的具体参战人数不一，但已知雅典的每艘三列桨座战船配有14名重装步兵和4名弓箭手，由此或可简单推算。当然，不同地域的舰船情况各异，如来自萨莫色雷斯岛的船上配备的是标枪手而非弓箭手，故而推算结果或与实际数量略有差异。但即便如此，波斯舰队的规模确实十分庞大。不过，这也使其面临诸如需要广阔的水域才能正常作战等问题。更大的问题是，舰船需要适应在远离家乡的陌生水域作战。

萨拉米斯大屠杀

希腊舰队虽在规模上处于劣势，但也并非无计可施。希腊人认为若能将波斯舰队引入一条狭

01 薛西斯入侵

薛西斯率领庞大的海陆两军入侵希腊。公元前480年4月，他挥师横渡赫勒斯滂海峡，抵达希腊本土，9月初抵达温泉关。希腊人分别在温泉关和阿提密西安陈兵陆海两路，拖延薛西斯的进攻。

02 所向披靡

希腊人在温泉关战役中失利后撤出阿提密西安。波斯舰队历经风暴后损失惨重（可能多达600艘），但这些损耗很快得到补充。

03 穷途末路

希腊舰队撤退到阿提卡海岸外的萨拉米斯。在那里，他们与其他的希腊舰船会合。联军就下一步的行动展开激烈的讨论，在围守萨拉米斯还是撤军围守科林斯地峡之间犹豫不决。波斯军队绕道来到温泉关，判断希腊必输无疑后，分兵海陆两路进攻希腊。此时大量的雅典人逃往城外。

公元前 480 年 9 月

希腊人如何以少胜多，在海上击败波斯舰队？

04 雅典燃烧

薛西斯控制了雅典，击溃了少数还在围守卫城的雅典人。他将这座城市付之一炬，现在他的目标是打败希腊的舰队。

05 无路可退

希腊人仍在为最佳方案争论不休。地米斯托克利最终说服希腊舰队统帅欧里比亚德斯留在萨拉米斯作战。为了万无一失，地米斯托克利向波斯军队泄密，称应派船驻守萨拉米斯北端以防希腊舰队逃跑。波斯军队遂派出了一个小队，同时告知希腊舰队已经无路可退。于是，波斯与希腊两军只能在萨拉米斯决一死战。

06 交战黎明

黎明时分，希腊舰队和波斯舰队严阵以待。雅典舰队居于希腊左翼，斯巴达舰队居于右翼。波斯舰队中的腓尼基舰队迎战雅典舰队，而爱奥尼亚舰队与斯巴达舰队对决。

07 请君入瓮

面对排成一列的希腊舰队，波斯舰队立即发起进攻。希腊船队旋即开始后划，引诱更多的波斯舰船驶入狭窄的海峡水域。庞大的波斯舰队到了这里便无法施展拳脚。

08 撞向敌舰

随着一艘来自雅典的舰船（或来自埃伊纳岛的舰船）率先撞向敌舰，双方舰船开始交战。三列桨座战船甲板上的弓箭手和标枪手向敌舰投掷武器。当希腊舰船撞上敌舰后，船上的希腊重装步兵便登上敌舰，双方步兵随即短兵相接。

09 执行计划

希腊舰队按照预定的计划行动，齐心协力攻击波斯舰队。一些逃走的波斯舰队与身后的舰船纠缠在一起，如同希腊舰队的囊中之物等待被抓捕。落入水中的希腊人可以游到萨拉米斯岛，而波斯士兵大多不会游泳，最后溺死水中。

10 豺群噬虎

薛西斯眼睁睁看着自己的庞大舰队转瞬间化为乌有，勃然大怒，处死了为自己开脱的将领。此时的波斯舰队已溃不成军，计划逃往帕列隆，但大部分舰船被来自埃伊纳岛的舰队捕获。一些波斯舰船为了使希腊人相信他们的投诚，不惜袭击战友。

▲ 双方混战

窄的水域，其规模优势便不复存在。换言之，他们希望借助萨拉米斯附近得天独厚的地理优势以逸待劳，给波斯舰队的入侵增加难度。当然，波斯人不会坐以待毙，可能设法阻止希腊舰队划桨，也可能派遣一支舰队埋伏在岛的远端，俘获希腊舰队。传说雅典执政官地米斯托克利曾差遣一名俘虏假装叛徒，向波斯人通风报信，透露了俘获希腊舰队的适当位置；如此一来，希腊人只能团结一致，破釜沉舟，而这正是地米斯托克利想要的结果。

据希罗多德所述，黎明时分希腊舰队已在萨拉米斯海峡严阵以待；而波斯舰队似乎也早已做好攻击（包围）准备，见状立即出击。霎时间，希腊舰队按照既定计划停止前进，开始倒划，试图诱敌深入海峡狭窄的水域。与此同时，帕勒涅半岛（阿提卡的十个地区部落之一）的阿美尼阿斯指挥雅典舰船撞向波斯舰队，战斗由此正式打响。

现代评论家往往将这场战斗明确划分为若干阶段，进而分别记述各舰队在各阶段的决策与行动。相较之下，希罗多德的记载更加混乱，主要记述了战斗的不同节点（以及不同观点），难以摸清全局。不过，这也为后世提供了一个更好的审视战斗始末的角度。

来自埃伊纳岛的舰船声称最先撞向了波斯战舰。但经过现代学者复盘，希腊方面共有三支舰队——雅典舰队、盟国舰队和斯巴达舰队，至于细节还是要依赖希罗多德的记述。据希罗多德所述，雅典舰队迎战由腓尼基人组成的波斯左翼，位置靠近艾留西斯城。斯巴达舰队（可能率领伯罗奔尼撒半岛其余地区的舰船，如来自科林斯和埃皮达鲁斯等城邦）则与波斯右翼的爱奥尼亚舰船对峙，位置靠近比雷埃夫斯城。不过，这些关于左右方位的记述不免让人迷惑：艾留西斯位于萨拉米斯以北，应为波斯右翼所在；南部的比雷埃夫斯应是波斯左翼所在。或许希罗多德是站在希腊人的视角，于是腓尼基人成为左翼，爱奥尼亚人便是右翼。

与波斯舰队相比，希腊舰队的优势还在于其更为连贯完备的作战计划。所有舰船都按照预定计划，绝大多数后划，只有一只孤舰撞向敌舰，体现出舰队行动的整体性。相较之下，波斯的每支舰队似乎都是在单打独斗。在地米斯托克利煽动爱奥尼亚舰船叛逃后，后者可能犹豫不前。因此，波斯的舰队无法在陌生的水域独自与希腊舰船抗衡，致使规模更小的希腊舰船扭转乾坤，成功占得上风。当然，波斯指挥官刚愎自用地坚持统一指挥也可能出于向国王邀功的目的。

国王的注视

波斯国王薛西斯并未登上舰船参与作战，而是可能坐在伊拉克利翁山或艾加里奥山山顶的王座上观看着战斗。波斯舰队指挥官似乎希望在国王面前表现出更为骁勇的一面，以便赢得赞扬，甚或奖励、晋升。希罗多德言及两个男人的名字，即赛奥迈斯托尔和披拉科斯，这两人就是如此获得晋升的。不过，更著名的还要数哈利卡纳苏斯的女僭主阿尔忒弥西亚。当时，她正指挥5艘舰船与希腊作战，为了摆脱一艘追赶她的雅典舰船，只好下令撞向另一艘波斯舰船。希腊人见状顿时停止了追逐（认为阿尔忒弥西亚已向希腊人投诚）。面对属下的勇敢行为，薛西斯说了一句非常著名的话："我手下的男人变成了女人，而女人变成了男人！"后来，雅典舰队显然对这位女指挥官忍无可忍，予以悬赏抓捕，导致关于她的传说广泛流传。

据希罗多德所述，波斯舰船和人员损失惨重。波斯舰队中的许多人不会游泳，不能和希腊人一样游到萨拉米斯岛。而打头阵的波斯舰队在掉头撤退之际经受了最为严重的损失。彼时，先头舰队的撤退路线已被后面的舰船阻隔，致使前后舰船都动弹不得。据说站在山上观战的薛西斯眼睁睁看着自己的庞大舰队转瞬间化为乌有，勃然大怒，当场将前来解释战斗为何没有如期进行的将领枭首示众。随着波斯所剩无几的残部在来自厄基那的舰船的追赶下逃往帕列隆，薛西斯的入侵计划也一并葬身海底，以失败告终。此时的薛西斯已经无法为舰队提供充足的给养，雪上加霜的是，在返回波斯途中还遭到乘胜追击的希腊舰队的攻击。他很快逃回波斯，只留下马尔多尼乌斯率领军队殿后，该军队最终也在次年普拉蒂亚之战中被击溃。

据说站在山上观战的薛西斯，眼睁睁看着自己的庞大舰队转瞬间化为乌有，勃然大怒，当场将前来解释战斗为何没有如期进行的将领枭首示众。

公元前480年，希腊人在萨拉米斯庆祝希波战争大捷

希腊战舰

三列桨座战船——终极武器

桨手

桨手一般由自由人和受雇的外国人担任，而非奴隶。按照位置不同，又可将桨手分为三类：顶层桨手位居舰船的顶部，相比余者位置更加舒适，但同时需要力量更大、技术更好。中层桨手位居中间部位，顶层桨手的正下方。至于底层桨手——位置的细微差别造成了环境的天壤之别——终日坐在阴沉闷热的船底，不见天日。与敌人交战时，桨手若是被俘，拇指或双手会被砍掉。不仅如此，若其不幸被困在甲板之下，也会溺死。

三列桨座战船内部

三列桨座战船是一种非常不适于栖身的狭长舰船。作为战舰，其没有足够的空间来储存食物或水，并不适合长途航行。不过，其船体高度仅比水面高两米，吃水较浅，龙骨平坦，每晚可由船员抬到岸上。

三列桨座战船在公元前8世纪被首次投入使用，堪称当时最先进的武器。其以快速灵活著称，可在军事行动中发挥效用。希腊人和腓尼基人将其用于军事和贸易。之所以称为三列桨座战船，是因其能够容纳三层桨手，每层桨手位列舰船两侧。三列桨座战船在希波战争中发挥了重要作用，是雅典军事能力的重要象征。公元前5世纪之前，希腊人将其用于管控地中海东部水域。

三列桨座战船的建造始于船体，进而在船体上增加木肋夯实船身，同时还会用绳子捆在龙骨上勒紧木料，起到加固作用。就木料而言，船体选用松木和冷杉等软木，内部选用落叶松，龙骨则选用橡木。每艘三列桨座战船配有200名船员，其中包括桨手、士兵（由弓箭手和矛兵组成），以及听从舵手指挥的船员。三列桨座战船多用于短平快的战斗。夜晚入港后，船员收集储存淡水，以备下一阶段的航行使用。

桨手一人一桨，是三列桨座战船的主要动力来源。虽然该船设计配有两个桅杆，但实际上是由船尾部的两个大桨叶控制航行的方向。人们认为三列桨座战船航速可达6节[①]至8节。航程长短则完全取决于天气和桨手提供的动力，若是天时、地利、人和俱备，桨手能在7小时内推动其前进五六十英里[②]。

---

① 现代1节约为1.852千米/小时。

② 1英里约为1.6093千米。

战术

雅典的军事行动主要采用近距离作战战术，即撞击和登舰。船的最前端装有金属喇叭状的巨大冲角，发起攻击时可撞击敌舰尾部，破坏船体。甲板上还有一队士兵时刻准备防御或攻击，配备盾牌、长矛和射箭设备，在恰当时机登上敌舰。三列桨座战船适用于多种海战场景，比如包抄至敌后，进而攻击敌舰。

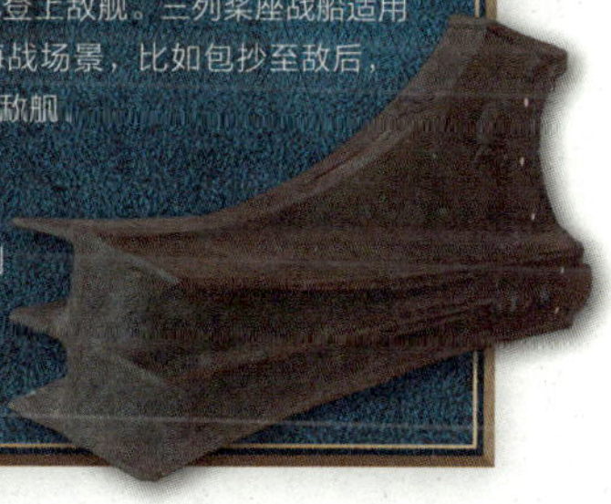

▶以色列国家海洋博物馆展出的冲角

为何以女性名字命名舰船？

对此，人们众说纷纭，莫衷一是。三列桨座战船多以女性神祇或神话人物命名。希腊人用忒提斯、卡里忒斯等女（水）神，或传说中的女英雄（如达那厄、普洛克涅）为船命名。他们还会在船头装饰船艏饰像，用于引导或保护——人们会在离港前祈祷、祭祀为其保驾护航的女神。于是，载着船员全为男性的三列桨座战船，却有着女性的线条和名字，想来耐人寻味。

海上作战

人们最早建立海军旨在将军事力量投于海上，
保护家园免受海上入侵，同时镇压海盗

马克·德桑蒂斯（Marc Desantis）

与今天一样，古代国家同样需要在海上作战来保护海岸线免受袭击、打击海盗。海上贸易的发展进一步推动了海军力量的扩张，从而更好地维系利润丰厚的贸易链。

无论是在人力、物力还是财力上，建造战舰都是一项耗资巨大的工程，需要不计其数的技艺熟练的工匠将符合标准的木材组装在一起。桨帆船是古代最常见的战舰，尤其是在地中海上。在战斗中，桨手们为线条流畅优美的帆船提供动力，推动其向前。可以说，桨帆船是古时最先进的科技发明之一。

战舰因运载船员已达到承载极限，无法携带太多的食物、饮用水或其他物资，因此航程十分有限。没有陆基的古代舰队无法长时间出海作战。

撞击和登船是战舰通常采用的两大战术。撞击是将船头撞向敌舰的船体，撞出大洞使其受损直至丧失战斗能力。登船是派遣战舰上的士兵登上敌舰。

纵观各个伟大帝国的发展史，可以发现古埃及、波斯、迦太基和罗马等都在海军力量方面表现突出。虽然各国发展海军所面临的形势略有差异，但本质上都是为了能在海上作战。

战舰倾覆后，船员向盟友求援

古埃及

缺少适合造船的天然木材是古埃及面临的难题。早在古王国时期，埃及人就只能通过进口获取如雪松和柏树等木材。新王国时期，迫于进口木材的压力，伟大的法老图特摩斯三世入侵能够提供优质木材的腓尼基。古埃及战舰上的浮雕大多为哈布城（拉美西斯三世的陵庙），刻画了公元前1175年由拉美西斯三世率领的海军与“海上民族”在三角洲之战中战斗的场面。

公元前12世纪初，一大批北方人（埃及人称之为“海上民族”）迁徙到地中海东部的许多地区，企图入侵埃及，觊觎宜居且肥沃的尼罗河三角洲。拉美西斯三世为此准备应战，有记录指出当时“河口满是密密麻麻的战舰、运输船和商船，宛如一堵坚固的墙；船艏到船艉全是手持武器的战士”。

埃及典型的战舰为单桅船，船艉配有大桨，依靠船帆和桨手共同驱动前行。他们在战斗中会收起船帆，此时动力完全依靠桨手。士兵等战斗主力分布于船艏和船艉。当“海上民族”进入射程后，埃及人万箭齐发，使其伤亡惨重。

当两军靠近时，埃及人投掷弹药，并派出士兵前去俘获敌船。依据哈布城浮雕所示，“海上民族”的舰船有些被俘，有些倾覆；埃及战舰船艏斗志昂扬的狮子头，可能就是撞沉“海上民族”舰船的冲角。三角洲战役是埃及的一次伟大胜利，拉美西斯三世声称入侵者“被拖拽拉扯、被推入海中、躺在海滩上、被无情杀戮，船艏到船艉堆满了他们的尸骸”。

迦太基

伟大的北非城市迦太基拥有一支令敌人胆寒的海军力量。这些被罗马人称为迦太基人的布匿船员最初来自腓尼基，擅长机动战。在战斗中，他们会用一艘战舰诱导敌舰拐弯，随后在合适的位置撞向敌舰。完成撞击后，战舰开始后划，远离受损的敌舰，寻找下一个目标。

迦太基人拥有庞大的海外贸易航线，亟需一支强大的海军力量提供保护。除母城外，北非、西西里岛、西班牙部分地区和撒丁岛都是迦太基的城市和贸易枢纽。迦太基发展了批量造船的技术。1971年，人们在西西里岛马尔萨拉附近挖掘出迦太基战舰遗迹，其中的出土文物显示当时的人们在预切割的木材上做了记号，以此加快造船的速度。

五列桨座战船是迦太基海军的主力战舰，与三列桨座战船十分相似。出人意料的是，虽然迦太基人长期在航海方面领先于世，但在第一次布匿战争中却不敌海上经验匮乏的罗马军队。在公元前260年的迈莱海战和公元前256年的埃克诺穆斯角海战中，罗马军队相继取得了压倒性的胜利。罗马人凭借其制胜法宝——乌鸦吊桥更加高效地登上敌舰。

迦太基人的舰船一旦被罗马士兵登上，任何操控技术便都无济于事。公元前249年，迦太基人在德莱帕那海战中大获全胜。一天黎明，迦太基人惊讶地发现一支指挥不力的罗马舰队出现在港口，将军阿德巴尔迅速叫醒船员登船应战。当罗马舰船全部抵达德莱帕那时，迦太基人已严阵以待，设法将罗马人遏制在海岸线上，最终取得了压倒性的胜利。不过，迦太基人却在公元前241年的第一次布匿战争中，在埃加迪群岛输给了罗马人。其后，在与罗马的两次交锋中，迦太基人都没有占据明显的优势，最终以失利告终。

▼ 公元前256年的埃克诺穆斯角海战是历史上最伟大的海战之一，罗马人击溃了迦太基人

波斯

古代波斯帝国军队主要是由属国臣民组成。海军也是如此，其中几个属国航海经验丰富，拥有得力的舰船和船员，供阿契美尼德王朝的国王差遣。可见，波斯海军实为一支多国部队。

在公元前480年入侵希腊之际，波斯舰队麾下参战国别的多样性得到充分体现。波斯国王薛西斯一世希望完成其父大流士一世在公元前490年开启的伟业，于是对希腊发动了第二次进攻。据记载，这支舰队拥有1207艘舰船。

在波斯舰队阵中，被誉为最强海军的腓尼基海军最为庞大，足足拥有300艘战舰，其次是拥有200艘战舰的埃及海军，接着是拥有150艘战舰的塞浦路斯海军，还有拥有数百艘战舰的奇里乞亚海军、吕西亚和潘皮利亚海军、卡里亚海军，甚至还有亚洲希腊人海军，后者也是波斯国王的臣民。

三列桨座战船是波斯舰队和希腊舰队的战斗主力。一艘三列桨座战船大约有200名船员，垂直分布于三层担任桨手。每艘波斯战舰上还载有大约30名士兵，主要是波斯人、米底人和萨卡人。

与希腊舰队相比，腓尼基人建造的三列桨座战船更加轻盈，更擅长给予敌舰致命一击。敌舰会因此报废，或无助地在海上漂流，或被波斯人俘获。

公元前480年，波斯舰队打响了两场戏剧性的战斗。在阿提密西安海战中，双方在战术上打成平手，波斯海军还因成功地俘获了不下5艘希腊战舰而名声大噪。

然而，在随后的萨拉米斯海战中，波斯舰队放弃了规模优势和操纵舰船的丰富经验，转而进入萨拉米斯海峡的狭长水域，落入希腊人的圈套，最后无计可施，落得任人宰割的命运。最终，希腊人出人意料地取得了胜利。

讽刺的是，在萨拉米斯海战中波斯军队中最英勇善战者并非波斯人，而是来自波斯的属国、安纳托利亚半岛西海岸的爱奥尼亚人。这再次凸显出波斯舰队参战国别的多样性。

公元前334年，马其顿国王亚历山大大帝入侵波斯帝国。亚历山大大帝或许出于海军军费过于高昂的缘故，加之认为可以先占领波斯海军在地中海东部的所有海岸基地，再击溃波斯海军，于是很快遣散了马其顿海军。不过，麻烦随之而来。

波斯海军中有一支由门农率领的罗德岛海军小队，试图通过攻占爱琴海附近的城市和岛屿，包抄亚历山大大帝背后予以袭击。亚历山大大帝识破了这一计谋，遂重新集结了一些海军抵御波斯人。无从知晓波斯海军的战略是否取得战果，但为了打击陆地上的马其顿入侵者，波斯也很快集结了一支新的部队。恰在此时门农去世，包抄计划就此不了了之。最后，亚历山大大帝攻占了地中海东部海岸，并如愿击败了波斯海军。

一艘三列桨座战船有大约200名船员，垂直分布于三层担任桨手。

罗马

在与迦太基进行第一次布匿战争前，罗马的海军力量还很有限。当罗马和迦太基在西西里岛交锋时，罗马人发现自己虽能征服西西里岛的一座座沿海城市，在陆战中占据上风，但却无法在海上与强大又聪慧的迦太基海军抗衡，一旦海上对垒便无计可施。

罗马人决定彻底改变这一局面。公元前260年，他们仿照俘获的迦太基五列桨座战船，复制了一艘同样的战船，并在短短60天内建造出一支庞大的舰队。由于缺乏航海经验，罗马人并不精通海上战术。此外，他们的船行动缓慢、笨拙，他们在海战中仍不敌腓尼基人。

对此，罗马人建造了乌鸦吊桥。乌鸦吊桥是在五列桨座战船船头装置的一块长而尖且为弧形的跳板，用以搭在敌舰上，不仅可供罗马海军跨过跳板登上敌舰，还可阻止敌舰逃跑。乌鸦吊桥帮助罗马人在公元前260年的迈莱海战和公元前256年的埃克诺穆斯角海战中赢得胜利。

公元前241年，罗马在埃加迪群岛的最后一场海战中获胜，宣告了第一次布匿战争的终结。乌鸦吊桥尽管在战术上为罗马赢得头筹，但在埃克诺穆斯角海战之后便不再见诸史籍。对此，人们推测装有乌鸦吊桥的舰船顶部沉重，在恶劣天气时容易倾覆沉没，或许因此遭到弃用。

在帝国时期，罗马掌控着整个地中海海岸。虽然仍有大型战舰，但罗马人对其使用的频次屈指可数。他们转而建造小型快船，便于巡逻和打击海盗。如“利布纳”这样的轻快战舰成了早期帝国舰队的主力。

在帝国晚期，“利布纳”进化为“德罗蒙”大型快速帆船。该船配有单层桨或双层桨，堪称罗马帝国晚期舰队的中流砥柱。

罗马战舰

公元前3世纪的罗马共和国

历史上，罗马共和国与迦太基帝国共有三场战争，爆发于公元前264年的第一次布匿战争则是其中第一场。当时，迦太基的行省西西里岛上的墨西拿和锡拉丘兹之间发生纷争，迦太基进行干涉。罗马支持麦西拿（今墨西拿），而迦太基则支持锡拉丘兹，于是双方为争夺西西里岛控制权爆发了一场历时二十余年的激烈战争。

彼时，迦太基的海军称霸海上，而罗马的海军才刚刚起步。古希腊历史学家波里比阿曾指出，罗马人并不通晓建造战舰的技术，只能仿照一艘冲上岸的迦太基五列桨座战船，并在短短数周内建造出一支由100艘五列桨座战船（以及20艘三列桨座战船）组成的舰队。

公元前260年，罗马人终于在迈莱海战中摧毁及俘获了44艘迦太基舰船，取得了首场海战胜利。

虽然罗马人也配备其他舰船，但五列桨座战船成为其布匿战争期间使用的主要战舰，并在随后的日子里不断进化。公元前146年，罗马在布匿战争中击溃了迦太基，取得了最终胜利。

五列桨座战船帮助罗马人赢得了地中海的霸权，并在随后数世纪的海战中发挥了重要作用。然而，在公元前31年罗马共和国末期发生的阿克提姆海战之后，五列桨座战船最终被更小的舰船取代。尽管我们并不清楚五列桨座战船建造的具体细节，但仍可找到其早期范例。

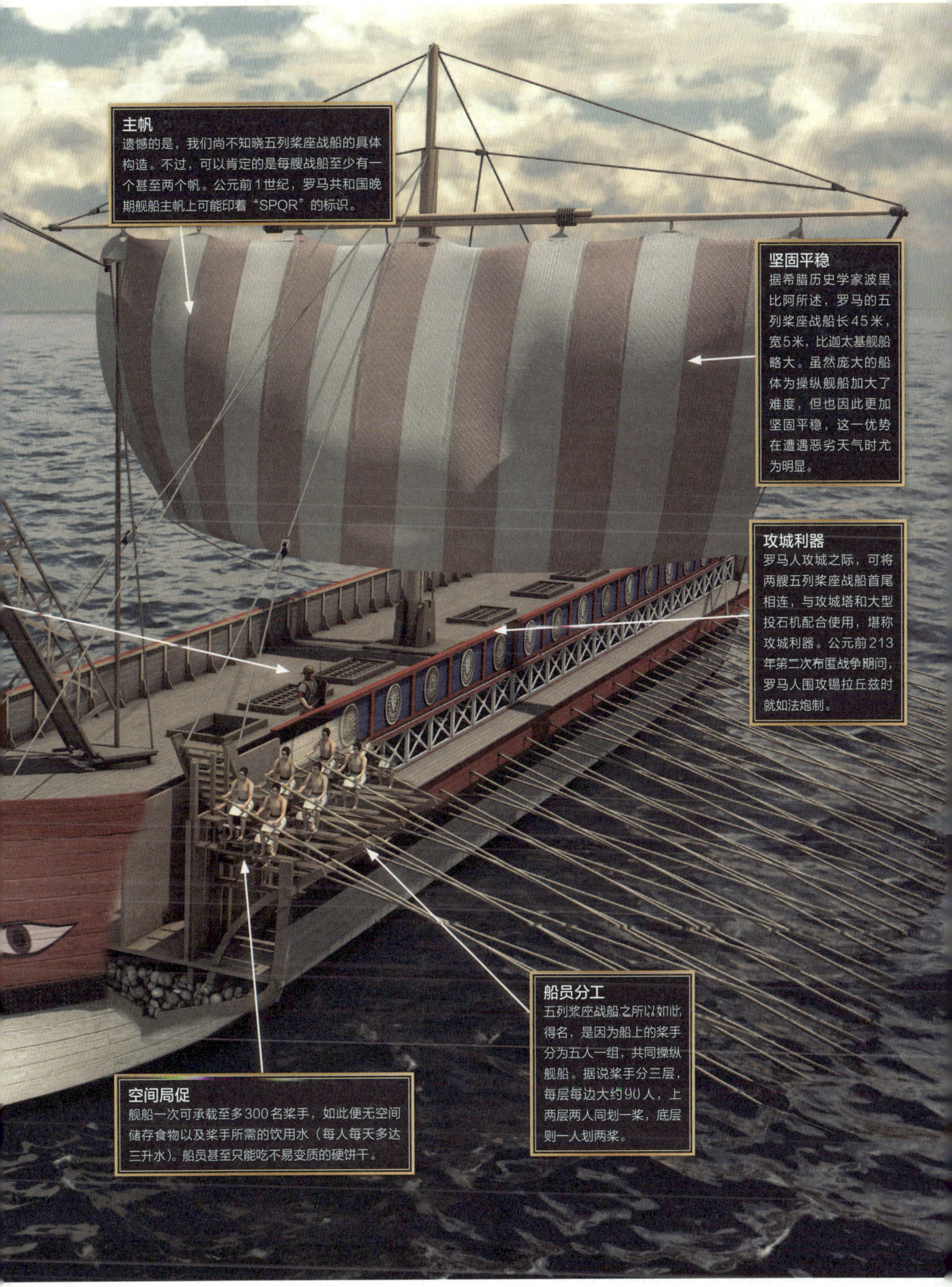
主帆
遗憾的是，我们尚不知晓五列桨座战船的具体构造。不过，可以肯定的是每艘战船至少有一个甚至两个帆。公元前1世纪，罗马共和国晚期舰船主帆上可能印着“SPQR”的标识。
坚固平稳
据希腊历史学家波里比阿所述，罗马的五列桨座战船长45米，宽5米，比迦太基舰船略大。虽然庞大的船体为操纵舰船加大了难度，但也因此更加坚固平稳，这一优势在遭遇恶劣天气时尤为明显。
攻城利器
罗马人攻城之际，可将两艘五列桨座战船首尾相连，与攻城塔和大型投石机配合使用，堪称攻城利器。公元前213年第二次布匿战争期间，罗马人围攻锡拉丘兹时就如法炮制。
船员分工
五列桨座战船之所以如此得名，是因为船上的桨手分为五人一组，共同操纵舰船。据说桨手分三层，每层每边大约90人，上两层两人同划一桨，底层则一人划两桨。
空间局促
舰船一次可承载至多300名桨手，如此便无空间储存食物以及桨手所需的饮用水（每人每天多达三升水）。船员甚至只能吃不易变质的硬饼干。

埃克诺穆斯角海战

公元前256年，埃克诺穆斯角，西西里岛

外国雇佣军

在迦太基，公民在军队中只任军官，大部分士兵是从地中海彼岸雇佣的外国军人。这些雇佣军往往骁勇善战，且忠于雇主。

海军军团

罗马共和国并未训练专门的海军，海上作战的士兵多由其他军团抽调而来。一艘船上通常有40名军团士兵，但战时会增至120名。

海盗战法

罗马人在海战中不仅善于登船，还惯于将船头撞向敌舰的船头。究其原因，相较于迦太基桨手，罗马桨手操作不够熟练，经验不够丰富，只能选择船头相撞这样更加容易的操作。总之，罗马舰船一旦撞上迦太基舰船，便会放下乌鸦吊桥，与敌舰纠缠到底，直至俘获敌舰。

登船桥

罗马海军可以用一根绳子来控制升降11米长的跳板，绳子通过杆子顶部的滑轮与跳板的前头相连，板子两边都是齐膝高的栏杆。板面非常宽，可以容纳两人同时并排穿过。

主力战舰

罗马舰队和迦太基舰队使用的都是五列桨座战船，这是一种长约45米的大型战船。罗马仿照俘获的迦太基五列桨座战船，制造了自己的五列桨座战船，所以二者的战船十分相似。每艘战船上有300名桨手，分列为三层，他们坐在每层的两边。

就参战的人数而言，埃克诺穆斯角海战可能是世界上有史以来规模最大的海战。

公元前275年，罗马共和国统治意大利大陆。希腊人定居在墨西拿海峡对面富饶的西西里岛，这里也住着许多迦太基人。罗马人在贸易上天赋异禀，拥有横跨地中海西部的庞大商业帝国。当他们从海峡远眺时，发现迦太基人（或称布匿人）对自己的威胁如奔腾的波涛滚滚袭来。

与此同时，一群自称为“战神的子孙”的意大利雇佣军在公元前3世纪80年代夺取了西西里岛中麦西拿的政权。不久，他们便开始与锡拉丘兹国王希罗交战，但公元前264年被希罗打败。“战神的子孙”向罗马和迦太基寻求帮助，迦太基先发制人，在堡垒中建立了一支小型守军。罗马人担心迦太基人把西西里岛作为未来入侵意大利的基点，也向岛内派军，不久就把迦太基人赶了出去。

在第一次布匿战争中，得益于希罗的支持，罗马人很快攻占了西西里岛的许多城市。但海战方面就得另当别论了。相比于罗马海军，迦太基海军更加庞大且善战，在海上所向披靡，胁迫西西里岛的城市与之结盟。

罗马对此无能为力，但也意识到需要建立一支强大的海军。公元前260年，罗马人以俘虏的迦太基五列桨座战船为模型，在60天内复刻建造了100艘五列桨座战船和20艘较小的三列桨座战船。

在操控驾驶方面，罗马人知道自己仍然无法与迦太基海军匹敌。为了提高胜算，他们在每艘船的船头安装了一座11米长的登船桥，称为乌鸦吊桥。跳板下有一根向下的长钉，可以嵌入敌舰甲板；待船板紧紧固定后，军团便可冲向敌舰，把海战变成陆战，俘获敌舰。罗马人知道自己更擅长肉搏战，所以为了发挥出最大的优势，每艘战舰上都有120名军团士兵。

迈莱海战是罗马人有史以来参加的第一次大型海战。在这场战争中，他们击溃了一支使用新装置发动攻击的迦太基舰队。自此，罗马人在海上捷报频传，但陆地战争还在没完没了地拖延着。为了打破僵局，罗马人决定直接攻打迦太基，于是在公元前256年建造了一支由330艘舰船组成的舰队。

为了迎战罗马人，迦太基人准备了350艘战舰。他们在西西里岛南海岸的埃克诺穆斯角拦截了罗马舰船。就人数规模而言，双方每艘五列桨座战船都有大约300名桨手，这时整个罗马舰队有多达138600名桨手和军团士兵，而迦太基舰队也有150000人。所以，就参战的人数而言，埃克诺穆斯角海战可能是世界上有史以来规模最大的海战。

最终，罗马舰队打败了迦太基舰队，并且一鼓作气入侵非洲。可是罗马人没有抓住机会，从而拉长了战线。直到摧毁了最后一支迦太基舰队，这场持续了16年的战争才得以终结。

自此，罗马成为海上霸主。但此时的胜利并不能保证长治久安。迦太基的许多人对严苛的罗马和平条款深感愤慨。出于不满情绪，迦太基最著名的将领汉尼拔·巴卡果决地向意大利发起进攻，在第二次布匿战争中击溃了罗马的几支军队。

罗马

138600 名士兵

330 艘舰船

领导人

罗马联合执政官

公元前256年，由一年一度选举产生的两位联合执政官马尔库斯·阿蒂利乌斯·雷古鲁斯（如图）和卢基乌斯·曼利乌斯·武尔索共同指挥埃克诺穆斯角海战。

强项：指挥官卢基乌斯·曼利乌斯·武尔索骁勇善战，尖锐机敏。

弱项：指挥官马尔库斯·阿蒂利乌斯·雷古鲁斯才智平平。

罗马海军

关键

军团中的士兵受雇或抽调形成罗马海军部队。

强项：健壮剽悍、骁勇好斗，近身搏斗能置人于死地。

弱项：大多擅长陆战。

乌鸦吊桥

关键武器

事实证明，这座带有钉子的登船桥是一项成功的发明，帮助航海经验匮乏的罗马人与航海技术高超的迦太基人抗衡。

强项：发挥了罗马人肉搏的优势。

弱项：只有敌人在一定距离内时，乌鸦吊桥才能发挥作用。

01 舰队入侵

罗马人从东方出发，向西行进。罗马第一中队由卢基乌斯·曼利乌斯·武尔索指挥，形成了罗马部队的右侧箭头。第二中队由马尔库斯·阿蒂利乌斯·雷古鲁斯指挥，形成了罗马部队的左侧箭头。他们身后是配有骑兵运输船的第三中队。最后是被称为后备兵的第四中队。

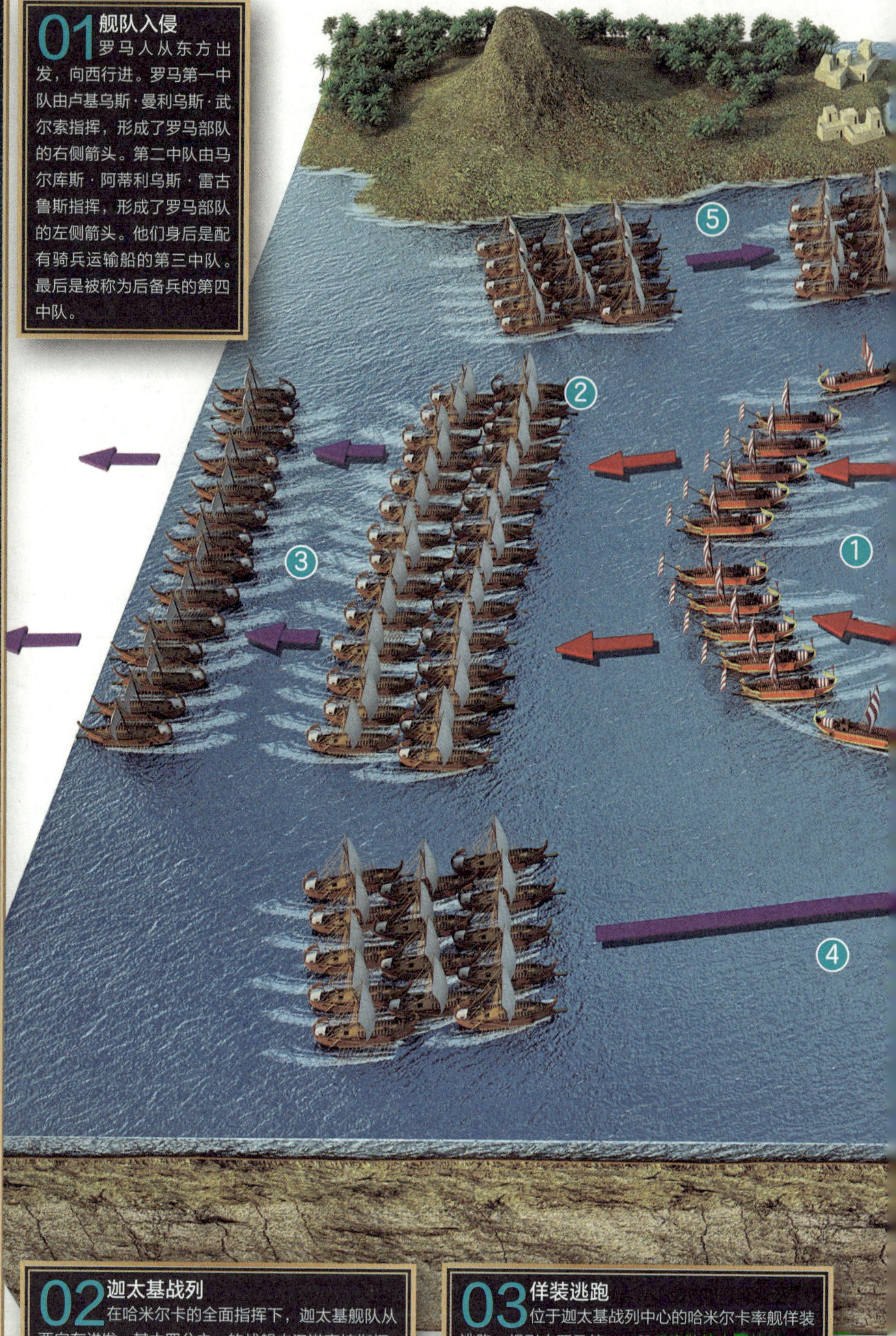

02 迦太基战列

在哈米尔卡的全面指挥下，迦太基舰队从西向东进发。其中四分之一的战舰由汉诺直接指挥，形成迦太基的右翼舰队，位置略靠前，与其他舰队成倾斜角度。

03 佯装逃跑

位于迦太基战列中心的哈米尔卡率舰佯装逃跑，想引走罗马第一、第二中队的主要战舰。罗马人看到迦太基舰队撤退，便紧随其后冲了上去。哈米尔卡一看到罗马人上钩了，立即命令战舰掉头反击。

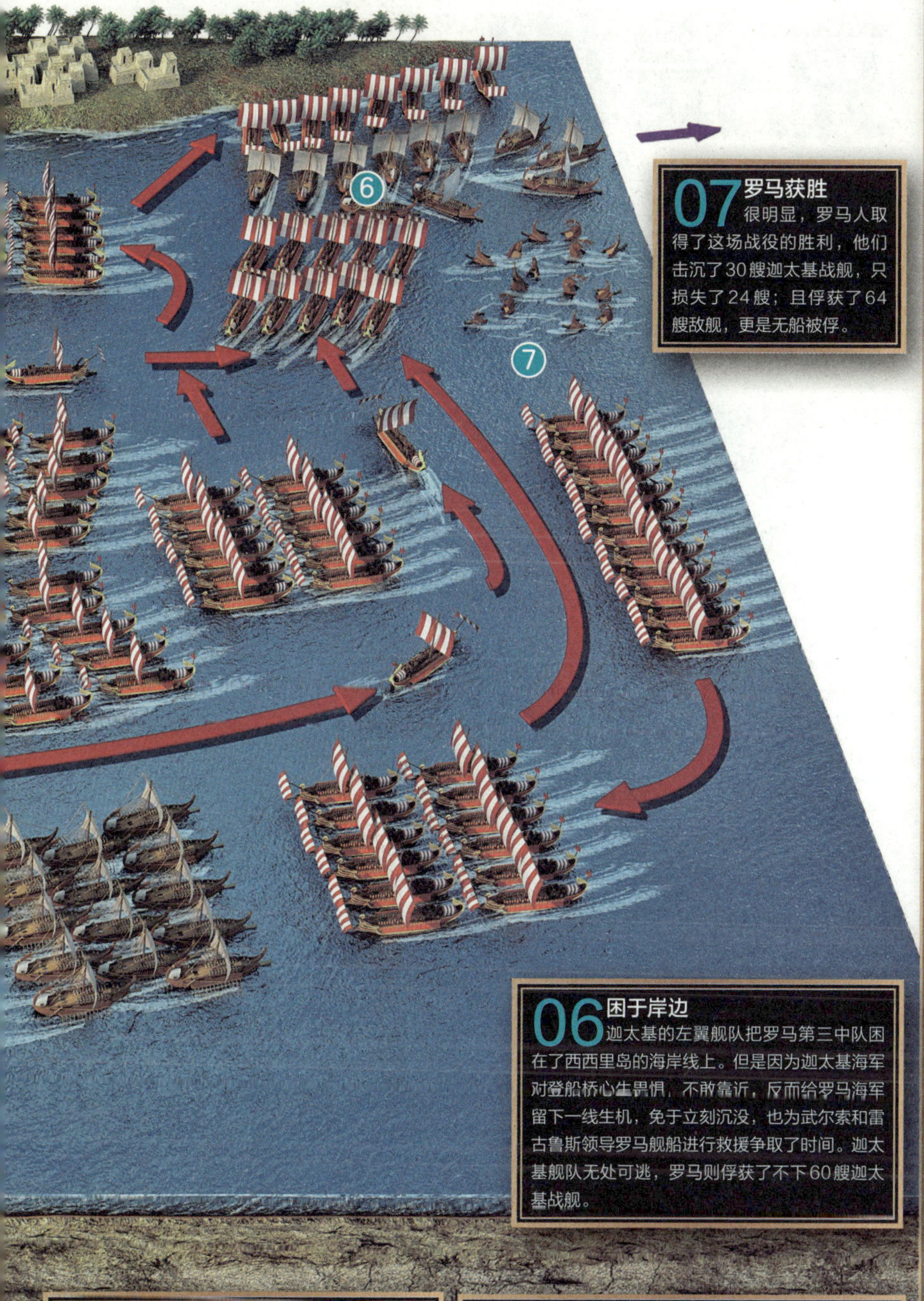

07 罗马获胜

很明显，罗马人取得了这场战役的胜利，他们击沉了30艘迦太基战舰，只损失了24艘；且俘获了64艘敌舰，更是无船被俘。

06 困于岸边

迦太基的左翼舰队把罗马第三中队困在了西西里岛的海岸线上。但是因为迦太基海军对登船桥心生畏惧，不敢靠近，反而给罗马海军留下一线生机，免于立刻沉没，也为武尔索和雷古鲁斯领导罗马舰船进行救援争取了时间。迦太基舰队无处可逃，罗马则俘获了不下60艘迦太基战舰。

04 汉诺的袭击

在罗马第一、第二中队紧追哈米尔卡的战舰时，他们与后面第三、第四中队的距离逐渐拉大。汉诺见状抓住机会，带领迦太基的右翼舰队攻击缺口，向罗马第四中队的后备兵发起进攻。与此同时，迦太基的左翼舰队进攻罗马第三中队及其骑兵运输船。

05 哈米尔卡战败

尽管哈米尔卡的指挥策略得当，但他们的舰船还是无法与罗马人及其登船桥匹敌。战列中心的迦太基人被打得鼻青脸肿，逃离了战场。武尔索将俘虏的战舰扫荡一空，雷古鲁斯则转身去支援压力重重的第三、第四中队。汉诺率领的舰队被夹击在罗马第四中队和雷古鲁斯的支援舰船之间，腹背受敌，最后划船逃跑。

迦太基士兵

150000 名士兵
350 艘舰船

领导者

哈米尔卡

虽然哈米尔卡没能成功诱使罗马舰队与后方部队彻底分离，但这个计策值得称赞。

强项： 迦太基士兵大胆且狡猾，有很强的战术实操能力。

弱项： 对罗马新发明的乌鸦吊桥非常忌惮，束手无策。

迦太基雇佣军

关键

富有的迦太基雇佣军由来自非洲、西班牙和高卢的士兵组成。

强项： 十分专业机敏。

弱项： 不如罗马人积极团结。

迦太基的五列桨座战船

关键武器

迦太基战船造型优美、结构精良，虽然与罗马人使用的战船相似，但迦太基战船质量更好。

强项： 战船快速敏捷，桨手也比罗马桨手更加老练。

弱项： 在罗马人登船攻击时，无法防御。

阿克提姆海战

公元前31年9月2日，屋大维率阿葛丽芭在希腊伊庇鲁斯附近与安东尼及克莱奥帕特拉对决

为了争夺罗马的统治权，原“后三头”之一的屋大维与以埃及为基地的马克·安东尼在伊庇鲁斯海岸外的阿克提姆附近对峙。安东尼麾下舰船更大更重，士兵更多，作战经验更加丰富；但屋大维麾下的士兵则十分忠诚。于是，两者的势力达成了微妙的平衡。

01 安东尼在阿克提姆的准备

安东尼的五列桨座战船有250吨重，由八到十层桨手驱动，外部镶嵌着撞击敌舰用的镀铁和铜质钉子。彼时，安东尼出其不意地命令正在港口静候的舰船全速出海巡航，而非战斗。

02 屋大维及阿葛丽芭的舰队

屋大维麾下的250艘小型舰船速度快、操纵性强，船员训练有素、纪律严明，尤其在港口遭遇强潮汐方面有着丰富的作战经验。相较之下，操控安东尼重型战舰的都是些经验匮乏的赶骡人、农民或男孩儿。

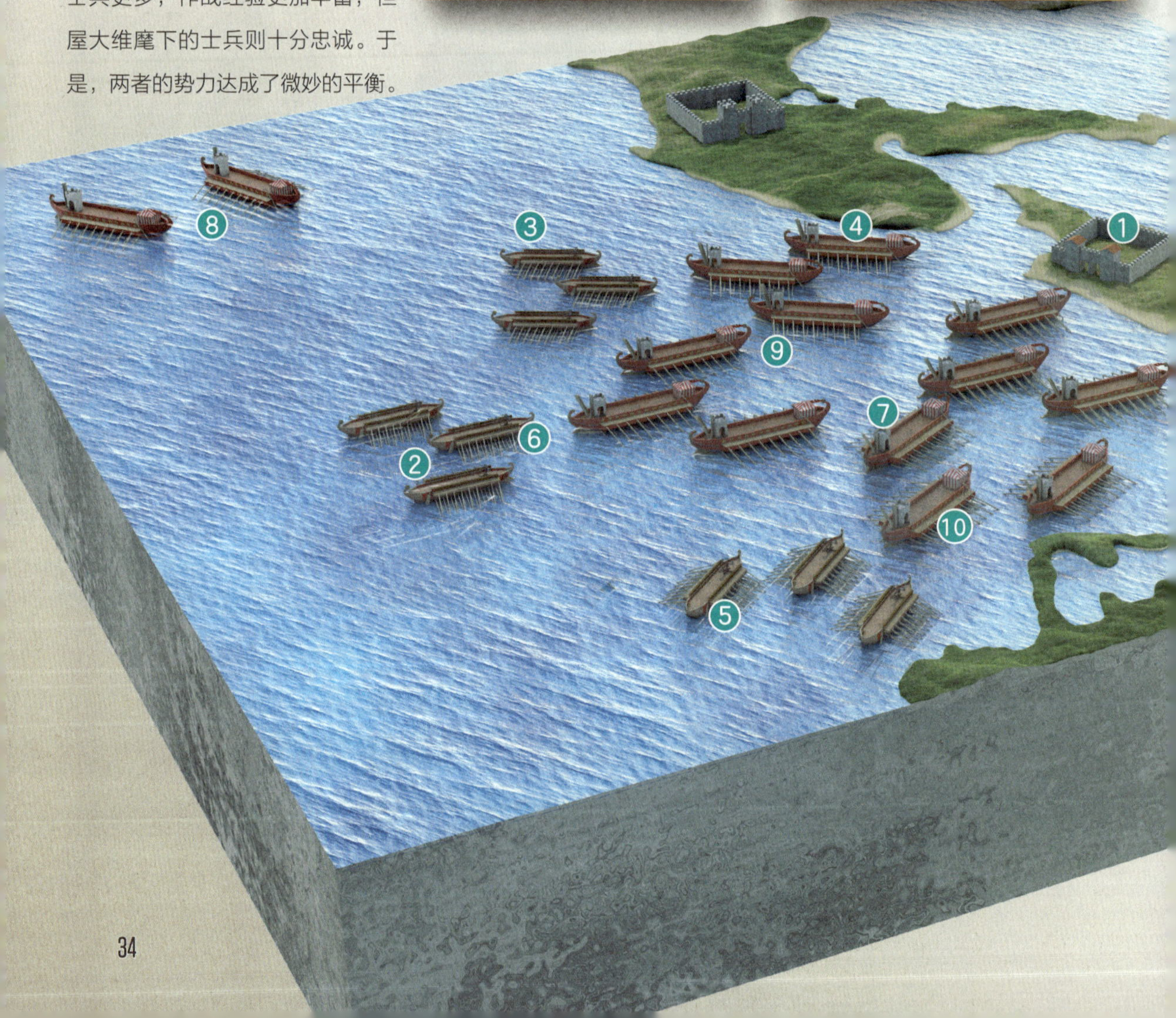

阿克提姆海战的结局

由于战斗期间充斥着太多的闲散等待、不当战法与拖延战术，阿克提姆海战作为战斗本身并不好看。安东尼若能在数月前的一场陆战中抓住机会击败屋大维和阿葛丽芭的部队，本可轻而易举地取得胜利，此时却一败涂地。对于屋大维胜利的原因，历史学家普鲁塔克相较于其战术、武器和作战计划，更关注其占据道德高点，指出安东尼败在被克莱奥帕特拉所惑，嚣张地与屋大维在海上交战。不过，阿克提姆海战的结局给人们留下了更加深刻的印象：克莱奥帕特拉先是撕毁了与屋大维达成的背叛安东尼并诱其自杀的协议，进而不甘于在罗马被作为屋大维的战利品示众，以自杀的结局抢走了屋大维的风头。无论是过去还是现在，这段历史都是好莱坞电影的绝佳素材。随着公元前30年亚历山大战役结束，屋大维收编了安东尼的所有舰船并吞并了埃及，阿克提姆海战成为罗马历史上的一个重要里程碑，标志着屋大维战胜了最后一位对手，结束了一个世纪的内战，完成了对罗马的统治。罗马的共和国属性也随之发生了变化。

▲ 遭安东尼抛弃的战舰或被俘获，或被击沉

03 确定战线

面对安东尼的舰队，屋大维指挥右翼舰队，阿葛丽芭指挥左翼舰队，计划先包抄敌舰进而持剑、盾近战。而安东尼则将战舰集中在一起，希望引诱屋大维靠近，从而将其逼向岸边。

04 安东尼鼓舞士气

安东尼集结了500艘战舰来应战罗马舰队。尽管人力匮乏，速度不占优势，但其仍可依靠战舰的吨位优势轻松折断屋大维轻型船的船头，震慑屋大维，令其不敢正面交锋。此外，安东尼后方还有克莱奥帕特拉支援。

05 上午：等待

上午之际，战舰随着潮水缓缓摇曳，彼此间空隙渐生，一直处于待命状态。正在此时，屋大维从安东尼部下一位叛逃者的口中得知了安东尼的战略，遂下令舰队保持在安东尼射程之外，并令右翼舰队后划以引诱安东尼深入。

06 两军交战

当两军逐渐靠近时，屋大维率领舰队加速前进，将箭雨射向敌舰，随后迅速驶离战场。而安东尼舰船间则用铁制抓钩彼此相接，连成一体。

07 投掷燃烧弹

安东尼的士兵用柳条编织的盾牌来抵挡敌军长矛和杆子的攻击，罗马士兵见状向其投掷燃烧弹。安东尼亦命令投石，士兵则从船上木塔高处予以还击。

08 克莱奥帕特拉支阵

在两军激战正酣之际，克莱奥帕特拉的舰队突然冲向罗马舰队防线，不久后她又发出撤退的信号，但是安东尼没有看到。在一片混乱中，安东尼以为埃及人战败而深感恐慌，遂放弃舰队，投奔克莱奥帕特拉。

09 安东尼舰队余部的苦战

安东尼舰队余部尚不知晓统帅已走，仍在与敌人殊死厮杀。当敌军登船后，他们投掷石头，持剑与其近身肉搏。最终，一些舰船燃起熊熊大火，余者见状也缴械投降，试图驾船逃走。

10 群龙无首的投降

在安东尼的舰队与屋大维的舰队英勇奋战数小时后，一场狂风突然来袭，最终前者只能投降。此役300艘船被俘或沉没，5000人阵亡。余下的士兵当晚得知安东尼弃其而去后也纷纷投降。

航海时代

在海战的鼎盛时代，一艘艘顶尖的舰船横空出世，一批批卓越的海军将领乘风破浪，一场场战争刷新历史……

巴巴罗萨·海雷丁

巴巴罗萨从烧杀抢掠的海盗船长，逆袭跃升为
海军元帅、一代海战大师

威廉·韦尔什（William E.Welsh）

1535年10月某日，巴利阿里群岛马翁港一片欢呼雀跃，迎接一支强大的桨帆船队乘着碧波缓缓入港，船上的西班牙国旗随风飘扬。霎时间，教堂的钟声鸣响，向凯旋的船队致以热烈的欢迎，就连靠岸停泊的葡萄牙快船也向其鸣炮致敬。

四个月前，西班牙国王查理一世曾率领一支庞大的舰队突袭突尼斯。经过长达一个月的鏖战，西班牙舰队将恶名昭彰的奥斯曼帝国海军元帅巴巴罗萨·海雷丁赶出港口，甚至传说将其杀死。过去数年间，这位红胡子海盗频繁洗劫巴利阿里群岛附近的居民，人们因之痛苦不堪。所以，当看到为民除害的西班牙舰船时，人们便兴高采烈地予以欢迎。

恰在此时，桨帆船队靠岸后突然向葡萄牙快船发炮，站在码头和船上的基督徒目睹此情此景惊愕不已。

与此同时，躲藏在战舰舷墙后的土耳其士兵乌压压地冲了出来，爬到快船两侧并涌向码头。马翁港的居民很快明白悬挂的西班牙国旗只是幌子，来势汹汹的舰队长官并非友好的西班牙海军将军，而是令人闻风丧胆的巴巴罗萨。据说，这位奥斯曼帝国海军元帅曾在阿尔及尔围捕了1800名基督徒，并将其作为奴隶出售。

这位魁梧的奥斯曼帝国海军元帅在离开之前，将一张纸条系在马尾上，上面赫然写道：

巴巴罗萨衣着奢华，与其奥斯曼帝国海军元帅的地位相称。海盗出身的他胸膛宽阔，留着满脸的红胡子，因此被欧洲人称为巴巴罗萨（红胡子）。他头上缠着饰有珠宝的礼仪头巾，头顶戴着象征崇高地位的小王冠，身披饰有奥斯曼新月的奢华的卡夫坦布外套，腰带下面是防身的锁子甲和护甲，一把镶有宝石的鹰爪弯刀配在腰间

“我是天堂的霹雳，在把你们全部杀光前，在把你们的女人、儿女全部奴役前，我复仇的怒火不会平息。”

西班牙要塞

随着1492年西班牙灭亡格拉纳达王国，结束了收复失地运动，生活在西班牙的五十多万穆斯林面临着被迫皈依基督教的压力。1502年，卡斯蒂利亚女王伊莎贝拉一世向其发出最后通牒：要么皈依基督教，要么离开西班牙。摩尔人被迫乘船流亡至马格里布（字面意思是“西部”），即现在的摩洛哥、阿尔及利亚和突尼斯，欧洲人称之为巴巴里海岸。

当时马格里布正处于权力真空。16世纪初，柏柏尔人建立的三个国家正在急速衰落，且与同地区的阿拉伯人也有纷争。摩尔人的到来及黎凡特海盗的频繁出没，进一步破坏了该地区的安定。这群海盗频繁打劫码头、港口，乃至长达1900千米的马格里布海岸沿线的海湾，严重威胁了西班牙航运以及西班牙、意大利和附近岛屿的沿海城镇和村庄。但柏柏尔国王对此束手无策。

为此，弗朗西斯科·希梅内斯·德·西斯内罗斯大主教（通称希梅内斯主教）向伊莎贝拉一世宣誓，将不遗余力地消灭海盗及其带来的威胁，并率领西班牙人在马格里布海岸建立了多个防御前哨和要塞。

1508—1510年，经验丰富的军事工程师佩特罗·纳瓦罗伯爵指挥西班牙人占领了包括阿尔及尔、的黎波里和突尼斯在内的六个重要港口，修建了配有持枪护卫的军事要塞，将希梅内斯主教的遏制政策推向高峰。此外，西班牙人还修建起被称为“潘诺斯”的要塞，该要塞因屹立于岩石岛屿而闻名于世。

伊莎贝拉一世死后，希梅内斯主教迫使继任国王斐迪南一世继续贯彻遏制政策。1516年，国王查理一世（未来的哈布斯堡王朝神圣罗马帝国皇帝查理五世）继承王位，一并继承的还有海盗问题。

马格里布战争

1502年，乌鲁兹·雷斯和赫兹尔·雷斯两兄弟来到突尼斯，将西班牙的货物洗劫一空。他们和其他奥斯曼海盗一样驾驶着带桨的排桨船，即桨帆船的缩小版。这种船上配有两排长桨，一个大三角帆，中间还有弓箭和大炮。除了少量船员外，一艘排桨船平均配有60名桨手和40名士兵。

这对兄弟来自奥斯曼帝国统治下的莱斯博斯岛，父亲曾为奥斯曼士兵，母亲是希腊的基督徒。虽然母亲信仰基督教，但他们自小就是穆斯林。欧洲人因二人的红胡子称其为“巴巴罗萨”（红胡子）兄弟。在莱斯博斯岛生活期间，乌鲁兹曾被圣约翰骑士团俘虏，服了三年的苦役。他后来逃了出来，带着对基督徒的深仇大恨回到了莱斯博斯岛。不久，他便和赫兹尔来到了突尼斯。

兄弟俩通过强取豪夺积累了大量财富。在西班牙有效控制马格里布的主要港口期间，他们只能另辟蹊径，转而打劫位于突尼斯以南约480千米的杰尔巴岛，岛的西侧有一个深水潟湖，可供兄弟俩的舰船停泊。与在突尼斯不同，兄弟俩在这里不受当地统治者的干预。由于无法与火力威猛的西班牙舰船抗衡，兄弟俩只能对热那亚、托斯卡纳、西西里岛、那不勒斯和教皇国的舰船打主意。

乌鲁兹渴望获得更大的权力，这也恰是他失败的根源所在。他在得知马格里布中部的布日伊

在莱斯博斯岛生活期间，乌鲁兹曾被圣约翰骑士团俘虏，服了三年的苦役。他出逃后，带着对基督徒的深仇大恨回到了莱斯博斯岛。

城对外求援欲将其驱逐后，便于1512年8月从海陆两个方向对布日伊城发起报复性的攻击。不过此役并不顺利，乌鲁兹在带队冲向城墙的缺口时，一条手臂被炮弹炸飞。

乌鲁兹急切渴望拥有封地，为此即使身负重伤也仍戴上一只银色假肢，不顾一切地重返战场。1516年，乌鲁兹占领了马格里布首都古城特莱姆森，但在之后的六个月里遭到奥兰城的西班牙总督迪亚哥·德·瓦拉的围困。乌鲁兹及其部下在城破后仓皇逃窜，但最终被西班牙人追上斩杀。德·瓦拉将乌鲁兹的头骨和深红色斗篷送回西班牙，并在科尔多瓦大教堂进行展示。乌鲁兹死后，其弟赫兹尔·巴巴罗萨成为地中海地区的头号海盗。

▲ 在普雷韦扎海战期间，恰逢微风环境，多利亚舰队动弹不得；奥斯曼帝国战舰趁机向其发起猛攻，给多利亚舰队以重创

阿尔及尔长官

赫兹尔·巴巴罗萨意识到凭借自己的实力既无法与西班牙皇家战舰抗衡，也无法攻破其坚不可摧的要塞，必须找到强有力的靠山，于是向奥斯曼帝国苏丹塞利姆一世派出特使，提议奉上港口城市阿尔及尔以换取庇护与帮助。

1519年，塞利姆一世同意了赫兹尔·巴巴罗萨的请求，将阿尔及尔纳为桑扎克（相当于一个省），并将巴巴罗萨任命为阿尔及尔长官，掌管2000名民兵、4000名来自其他部队的士兵，以及大炮，这也成为其军队的核心。翌年，苏莱曼一世登基继位。这位被后世尊称为"苏莱曼大帝"的苏丹十分关切巴巴罗萨的履职情况。

赫兹尔·巴巴罗萨胸膛宽阔，胡须浓密，一双眸子黝黑、锐利。他或许与已故兄长一样残暴，其政治嗅觉也与兄长一样敏锐。与兄长不同的是，赫兹尔并不想拥有封地——他完全忠于奥斯曼苏丹。作为阿尔及尔的长官，他的首要任务便是将栖身要塞、掌控阿尔及尔港的西班牙人赶走。

1519年6月，西班牙国王查理五世加冕为神圣罗马帝国皇帝。两个月后，他便急于派遣那不勒斯总督雨果·蒙卡达率领一支由40艘舰船和5000名士兵组成的西班牙舰队前往阿尔及尔。西班牙人仍然有效控制着阿尔及尔的佩尼翁要塞，该要塞位于距这座风景如画的港口城市275米的小岛上。不过，赫兹尔·巴巴罗萨成功消灭了蒙卡达夺回阿尔及尔的幻想。西班牙舰队的40艘舰船因一场风暴损失了26艘，蒙卡达别无选择，只得撤退，赫兹尔·巴巴罗萨顺势控制了阿尔及尔全境。

1524年，柏柏尔人对阿尔及尔的海盗深感不满，于是发动起义将赫兹尔·巴巴罗萨驱逐出境，后者只得退回杰尔巴岛，以此为基地继续骚扰、攻击西班牙和意大利的舰船，还占领了其余分散在马格里布的西班牙要塞。至此，赫兹尔·巴巴罗萨手下至少有40个海盗头子效忠于他。

赫兹尔·巴巴罗萨等待着重返阿尔及尔的时机。1529年5月，他率队携带大炮登陆阿尔及尔，一举摧毁阿尔及尔的佩尼翁要塞。彼时，巴巴里海岸的西班牙要塞驻军正处于困境之中。由于不受柏柏尔人和阿拉伯人的待见，他们无法从当地人手中购得物资，所以在赫兹尔·巴巴罗萨袭来之际尚在等待本土运来补给，而补给船却姗姗来迟。

赫兹尔·巴巴罗萨行动迅速，攻城炮一就位，就开始轰炸要塞。经过连续两周的炮击，他们终于在要塞外墙上炸开了一个缺口，足以容纳土耳其人冲入。已经损失四分之三兵力的阿尔及尔长官唐·马丁·德·瓦格斯只得投降。赫兹尔·巴巴罗萨命令俘虏与其他基督教奴隶一同拆除堡垒，切断了西班牙人驻军的路径。在赫兹尔·巴巴罗萨的监督下，俘虏和奴隶又用拆下的石头建造了一座从大陆延伸到小岛的防波堤，以保护赫兹尔·巴巴罗萨的舰队免受强劲的北风和西风的影响。

在此期间，赫兹尔·巴巴罗萨还经常洗劫西班牙海岸，并帮助摩里斯科人（被迫皈依基督教的摩尔人）逃离西班牙。为了得到苏莱曼大帝的青睐，他把一部分战利品敬献给了奥斯曼帝国。苏莱曼大帝认为赫兹尔·巴巴罗萨是一位能干的管理者和卓越的海军指挥官，便将伊斯兰敬语"海雷丁"赐于其名后，意为"信任的美德"，以示敬意。

正当1529年海雷丁攻占阿尔及尔之际，法国国王弗朗索瓦一世和神圣罗马帝国皇帝查理五世结束战争，签订了和约。根据和约，战败的弗

普雷韦扎海战

1538 年 9 月，奥斯曼帝国海军元帅巴巴罗萨·海雷丁在爱奥尼亚海决战中击败了“神圣同盟”的海军将军安德鲁·多利亚

01 9月2日，基督教舰队在普雷韦扎海岸集结。9月23日，那不勒斯的西班牙总督先从麾下16000名士兵中抽调部队登陆，向奥斯曼帝国统治下的普雷韦扎城堡发起攻击，力求占领要塞，摧毁炮台，炮轰海湾内的海雷丁舰队。在攻城炮的火力掩护下，他们对要塞围攻了三天。

02 驻扎在埃托利亚的奥斯曼帝国步兵和骑兵开始急行军，以尽快解要塞之围。9月25日，奥斯曼帝国开始反击，迫使多利亚重新规划陆地进攻路线。虽然西班牙总督执意继续发动猛攻，但多利亚召开战前会议，否决了这一方案。

03 奥斯曼帝国海军元帅海雷丁率领舰队抵达普雷韦扎湾口。双方由于一些难言的原因都按兵不动，没有发动进攻。随后，海雷丁撤退到海湾，不幸搁浅，于是马上指挥船头调转向外，以便火炮能够攻击进犯的敌军。

04 多利亚不愿驶入普雷韦扎湾的狭窄入口，以免受到奥斯曼帝国火炮的攻击。9月26日晚，多利亚下令次日清晨开始撤军。

05 9月27日清晨，恰逢无风，多利亚舰队小心翼翼地向南行驶，硕大且缓慢的圆船列于阵后。突然，海雷丁舰队以新月形阵列出现在普雷韦扎湾，至半晌时分已面向圆船做好了战斗准备。

06 最先遭到海雷丁舰队袭击的是亚历桑德罗·邦德米尔船长指挥的威尼斯大帆船。该船虽行速缓慢，但武器精良，成功摧毁了多艘敌舰。

07 微风环境限制了多利亚舰队中大帆船的逃生能力。海雷丁舰队趁机从舰艏发炮，使其受损严重，一些西班牙士兵葬身海底。

08 威尼斯桨帆船虽然受损最为严重，但船员仍如雄狮一般，驾船冲向敌舰。海雷丁舰队击沉了“神圣同盟”两艘船，俘获了5艘，也损毁了3艘。夜幕降临后风意渐起，圆船借机顺利逃脱。

不神圣的同盟

海雷丁勉强与法国人合作，形成了短暂的法奥同盟，其间，他袭击了尼斯

1543年7月21日，海雷丁率领110多艘载着30000名士兵的奥斯曼帝国桨帆船驶入法国马赛，与法国人一起向共同敌人神圣罗马帝国皇帝查理五世发起攻击。

不过，随着法国人转而决定进攻查理五世的盟友萨伏依公爵的领地尼斯，海雷丁发觉法国人不愿按照计划直接攻击查理五世在意大利的领地，因而非常愤怒，认为法国人牛刀割鸡，浪费了攻击查理五世的绝佳时机。

一个月后围攻终于开始。土耳其人用大炮在城墙上炸开了一个突破口，法国军队顺势涌入城内。但法奥联军没能攻占该城。当法国的昂吉安公爵弗朗索瓦·德·波旁得知敌军增援部队即将赶来后，立即下令撤军。不过，临行前法国军队洗劫了该城，却让奥斯曼帝国军队背了黑锅。

▲ 海军元帅巴巴罗萨·海雷丁率领110多艘桨帆船驶入法国马赛港，却被法国人告知不可攻击这块哈布斯堡王朝的领地

苏莱曼大帝认为赫兹尔·巴巴罗萨是一位能干的管理者和卓越的海军指挥官，将伊斯兰敬语“海雷丁”赐于其名后，意为“信任的美德”，以示敬意。

朗索瓦一世必须放弃所占领的意大利大部分地区。雪上加霜的是，原本为法国效力的热那亚海军将军安德鲁·多利亚也投靠了查理五世，转为指挥西班牙舰队。

苏莱曼大帝的海军元帅

1532年，苏莱曼大帝传召海雷丁到伊斯坦布尔监督打造帝国的新舰队。君臣二人一致认为奥斯曼帝国需要占领突尼斯并摧毁多利亚统率的西班牙舰队。1532年9月，海雷丁仍在伊斯坦布尔，多利亚成功突袭了奥斯曼帝国的一个中队，占领了摩里亚半岛南端（伯罗奔尼撒半岛的一部分）的卡罗尼要塞。

第二年，苏莱曼大帝将海雷丁提拔为地位显赫的海军元帅。海雷丁不负众望，完成了造船计划，建造了70艘战舰，每艘船首部都配备了一门青铜大炮。1534年，这支强大的舰队从金角湾出发，在突袭了卡拉布里亚后向南进军突尼斯，一举摧毁了把守突尼斯港口航道的拉古莱特（海峡）要塞，于8月16日迅速登陆并占领了突尼斯。当地统治者柏柏尔王子穆莱·哈桑落荒而逃。

突尼斯陷落后，哈桑王子请求神圣罗马帝国皇帝查理五世帮助其收复失地，得到后者积极响应。查理五世立即集结兵力，于1535年6月13日派遣500艘舰船来到突尼斯海域。海雷丁与西班牙主力舰队的对决即将上演。

不过，两者实力太过悬殊。海雷丁虽奋起抵抗，但深知无法守住突尼斯。查理五世的部队先在距离拉古莱特要塞不远的地方登陆，经过24天的持续战斗终于攻占了拉古莱特的双子塔。虽然海雷丁的部队全部安全撤出，但是查理五世也成功地摧毁了82艘奥斯曼帝国战船。

与威尼斯的战争

查理五世在突尼斯取得了决定性的胜利，但那些居住在西班牙、意大利和基督教管控下西地中海岛屿的沿岸居民仍处在不安和恐惧之中，担心海雷丁舰队和奥斯曼海盗会卷土重来袭击他们。

此时，苏莱曼大帝收到弗朗索瓦一世的出兵邀约，一起对抗查理五世。虽然法国也拥有一支舰队，但刚刚被多利亚击溃。于是，梦想有朝一日能够占领罗马的苏莱曼大帝与败军之将弗朗索瓦一世一拍即合。他们共同制订计划，由弗朗索瓦一世进攻意大利北部，土耳其人则在意大利的阿普利亚登陆并向北推进。1536年，奥斯曼帝国派遣一支海军中队率先抵达马赛。但弗朗索瓦一世却担心与土耳其人联合攻打基督徒的行为会损害自己的地位与形象。

随后，苏莱曼大帝向海雷丁下达了肆意攻击查理五世在意大利领地的命令。这位被基督徒称为“邪恶之王”的奥斯曼帝国海军元帅遂于1537年5月从伊斯坦布尔出发，带着170艘桨帆船和支援舰驶向阿普利亚，开始了对当地的蹂躏。在随后一个月里，他烧毁城镇，摧毁堡垒，

▲ 奥斯曼海盗驾驶战舰在巴巴里海岸攻击一艘强大的西班牙大帆船

将俘获的数千名基督徒当作奴隶售卖。

1537年，威尼斯人和奥斯曼人进行了第三次交战。苏莱曼大帝命令海雷丁攻占科孚岛中的威尼斯城堡，此地一旦被攻陷，将成为入侵意大利的前沿阵地。不过，海雷丁鉴于该城堡防御坚固无法攻破，遂集中火力攻击其他威尼斯据点，最终袭击了爱琴海群岛和摩里亚半岛上的25个据点，摧毁了其中的13个，并迫使其他12个每年向苏丹纳贡。

在奥斯曼帝国全力攻打威尼斯的同时，查理五世派出特使策反海雷丁，邀其抛弃奥斯曼帝国，转投哈布斯堡王朝担任海军将军。海雷丁把特使绑起来，并将策反内容原原本本地汇报给苏莱曼大帝。作为一名虔诚的穆斯林，海雷丁从未想过背叛奥斯曼帝国。

无敌元帅

为了巩固对爱奥尼亚海和奥特朗托海峡的

海雷丁押载着6000名基督徒俘虏回到伊斯坦布尔。这是他最后一次出征，两年后他便因罹患热病死在了伊斯坦布尔海边的家中。

控制，以便在日后向意大利本土进军，苏莱曼大帝同年再次向威尼斯发动进攻。为此，威尼斯向教皇保罗三世求援。1538年2月，教皇保罗三世组织成立“神圣同盟”，任命多利亚统领庞大的基督教无敌舰队，其中包括来自热那亚、威尼斯、那不勒斯、马耳他和教皇国的舰队。1538年9月28日，多利亚的130艘桨帆船和50艘大帆船与海雷丁的50艘排桨船和90艘桨帆船在普雷韦扎港入口处狭路相逢。多利亚在看到海雷丁的舰队坚不可摧后，试图不战而退；但当时恰逢微风环境，多利亚舰队的大帆船动弹不得；奥斯曼帝国战舰趁机向其发起猛攻，给多利亚舰队以重创。

然而，正当海雷丁舰队即将庆祝普雷韦扎海战大捷之际，一场猛烈的风暴却将其甩向亚得里亚海岸，导致舰船半数尽毁。海雷丁只能退回伊斯坦布尔再造舰船。

1543年夏，海雷丁再次踏上了闻名后世的远征之旅。当时他率领一支大型桨帆船舰队前往马赛，与法国联合作战。不过，法国—奥斯曼联军在水陆上都无法攻破尼斯的坚固堡垒，只能宣布失败。

随后，海雷丁舰队被安置驻扎在法国土伦。但至1544年春，双方发生意见分歧，海雷丁率领舰队离开法国。为了不空手回家，海雷丁于1544年夏天洗劫了意大利南部的坎帕尼亚、卡拉布里亚和西西里岛。虽然当地居民沿数百千米的海岸线建造了瞭望塔，但一切都是徒劳。没有哪个地方拥有足够规模或足够实力的军队阻止这些强盗的突袭。海雷丁的最后一次打劫尽显凶残与暴虐，他决意将一些村庄彻底从地图上抹掉。

随后，海雷丁押载着6000名基督徒俘虏回到伊斯坦布尔。这是他最后一次出征，两年后他便因罹患热病在伊斯坦布尔海边的家中去世。

巴巴罗萨的一生是非凡的（即使他很残暴），出身平凡的他竟然逆袭跃居奥斯曼帝国海军的最高职位。在生涯的巅峰时期，他对如何扬长避短地使用战船颇具心得。

一方面，巴巴罗萨因其军事成就而受到万人敬仰；另一方面，他却因残暴行为而臭名远扬。不过，直至今日他仍然是土耳其人心中的大英雄。

“玛丽·罗斯”号

沉没的英国旗舰“玛丽·罗斯”号（或译“玛丽玫瑰”号）作为国王亨利八世的最爱举世闻名，而相关考古发掘亦是当时有史以来最大规模的水下考古，背后隐藏着诸多鲜为人知的故事。

“玛丽·罗斯”号

舰船类型： 帆船、战舰

产地： 英国汉普郡朴茨茅斯

完工时间： 1511年

长度： 45米

船员： 415人（不包括军官和随从），其中200名水手，30名炮手，185名士兵。

武器： 250把长弓，9600支箭，150支战矛，150曲刃矛，3支巨型纵火箭，50门手炮，91门大炮包括：

15门车载青铜前膛炮

24门车载锻铁后膛炮

30门锻铁后膛回旋炮

20门手持或船载式铸铁前膛炮

2门重炮

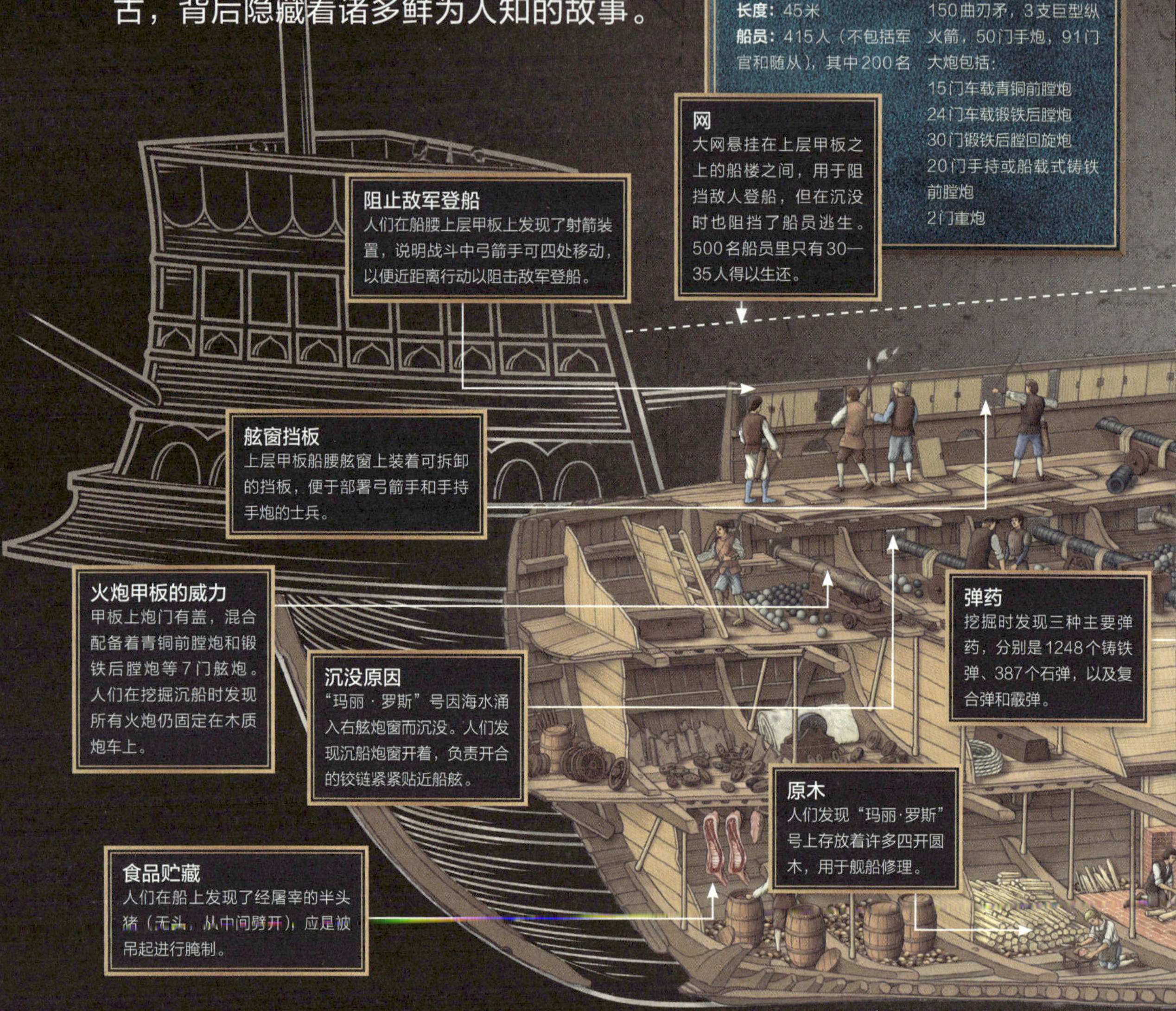

▶ 这是《安东尼书卷》中关于“玛丽·罗斯”号的插画

“玛丽·罗斯”号的兴衰

亨利八世于1509年登上王位，翌年下令建造两艘新船，人们相信“玛丽·罗斯”号便是其中之一。在他统治期间，英国战舰数量从4艘增加到58艘，其中20艘是大船（四桅战舰），“玛丽·罗斯”号为其中第二大者。该船服役时间较长，几乎横跨亨利八世全部在位时间（1509—1547），直至1545年7月19日在与入侵的法军作战时，败给了规模甚至大于西班牙无敌舰队的法国舰队，最后沉没。不过，该船恰好见证了武器升级及由此带来的战争模式的巨变。过去的海战战术多是先近距离发炮进而登船，但是随着武器射程变长，近战让位于远距离战争。当然，一些船上还会配备长弓和棍棒等武器，说明当时仍有近距离冲突。而像这样配有基础舷侧炮的船则代表了一种新式战争类型的到来，该战争类型直至19世纪中叶才被更新的战争类型取代。由此可见，配备纵火箭、长弓和重炮的“玛丽·罗斯”号确实可谓旧时代的代表。

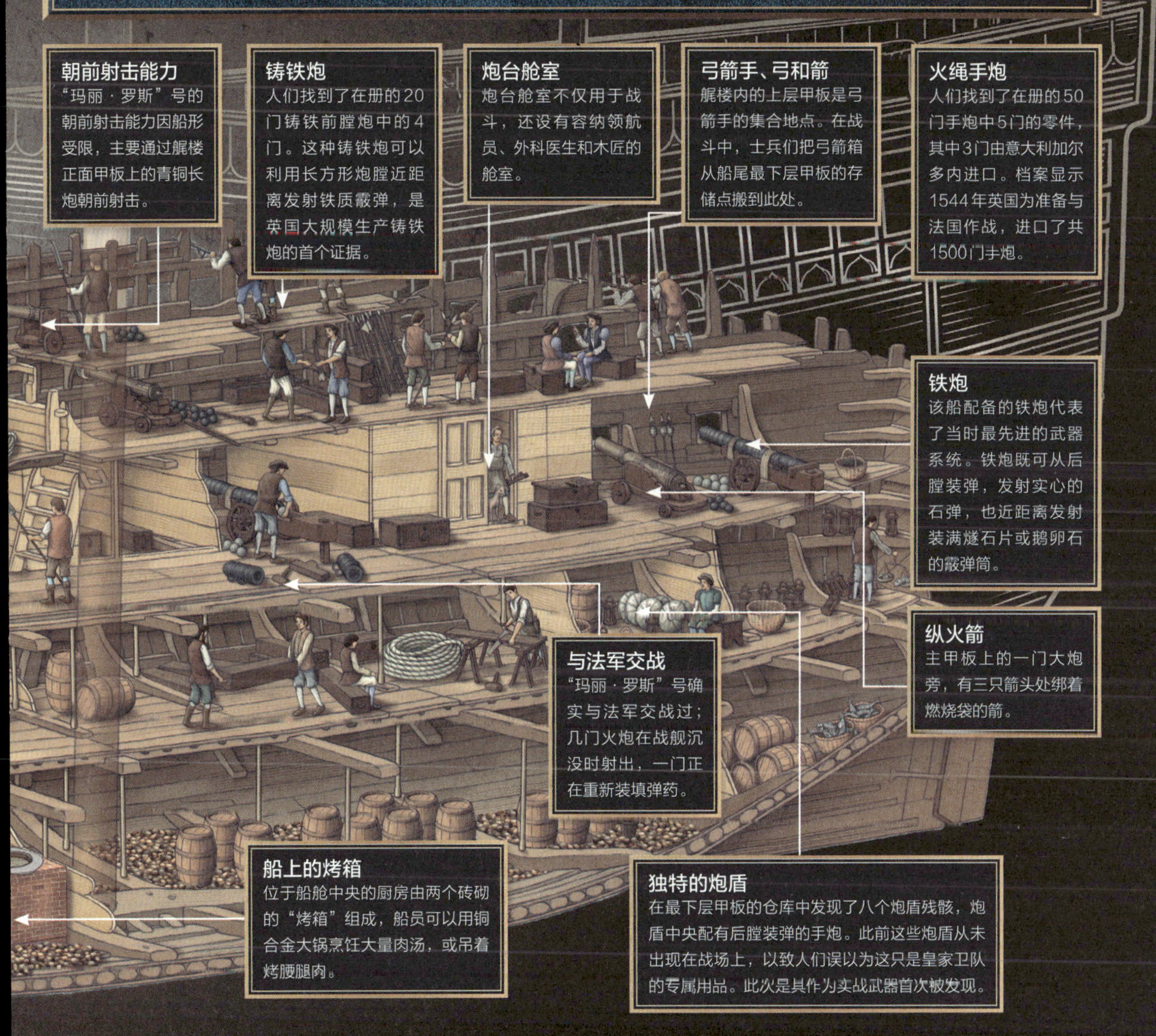

朝前射击能力

“玛丽·罗斯”号的朝前射击能力因船形受限，主要通过艉楼正面甲板上的青铜长炮朝前射击。

铸铁炮

人们找到了在册的20门铸铁前膛炮中的4门。这种铸铁炮可以利用长方形炮膛近距离发射铁质霰弹，是英国大规模生产铸铁炮的首个证据。

炮台舱室

炮台舱室不仅用于战斗，还设有容纳领航员、外科医生和木匠的舱室。

弓箭手、弓和箭

艉楼内的上层甲板是弓箭手的集合地点。在战斗中，士兵们把弓箭箱从船尾最下层甲板的存储点搬到此处。

火绳手炮

人们找到了在册的50门手炮中5门的零件，其中3门由意大利加尔多内进口。档案显示1544年英国为准备与法国作战，进口了共1500门手炮。

铁炮

该船配备的铁炮代表了当时最先进的武器系统。铁炮既可从后膛装弹，发射实心的石弹，也近距离发射装满燧石片或鹅卵石的霰弹筒。

纵火箭

主甲板上的一门大炮旁，有三只箭头处绑着燃烧袋的箭。

与法军交战

“玛丽·罗斯”号确实与法军交战过；几门火炮在战舰沉没时射出，一门正在重新装填弹药。

船上的烤箱

位于船舱中央的厨房由两个砖砌的“烤箱”组成，船员可以用铜合金大锅烹饪大量肉汤，或吊着烤腰腿肉。

独特的炮盾

在最下层甲板的仓库中发现了八个炮盾残骸，炮盾中央配有后膛装弹的手炮。此前这些炮盾从未出现在战场上，以致人们误以为这只是皇家卫队的专属用品。此次是其作为实战武器首次被发现。

格拉沃利讷海战

1588年7月至8月，英吉利海峡

查尔斯·金杰

历史上贪婪自大的帝国往往因邻国不言听计从便对外征战。1588年，西班牙国王费利佩二世正是因此入侵英格兰王国。

彼时，费利佩二世统治着世界上规模最大的帝国，拥有至高无上的权力，但帝国并未让臣民尤其是居住在尼德兰（荷兰）的臣民过上和平满意的生活。费利佩二世于1556年继位成为西班牙国王，而尼德兰自1568年起便不停地抵抗这位外国领主。尼德兰并非单打独斗，西北部的邻国英格兰非常乐意伸出援手。

对于这种公然藐视西班牙的统治和主权的做法，费利佩二世当然不会坐视不管。尤其是当英格兰女王伊丽莎白一世决意处死苏格兰的女王玛丽一世（一位虔诚的天主教教徒）时，身为玛丽丈夫的费利佩二世忍无可忍，誓要入侵英格兰，强迫其恢复天主教信仰，拔掉新教这根毒刺。他相信在征服英格兰后，天主教教徒一定会将他视为神圣的救世主，报以支持和拥护。费利佩二世的出征决定也得到了天主教会的支持。教皇西克斯图斯四世不仅公开表示支持费利佩二世，而且

▲ 英格兰女王伊丽莎白一世在蒂尔伯里向集结的部队发表演讲

称此次出征为“十字军东征”，认为这一激动人心的词汇势必鼓舞士气。

但是，出征绝非易事，组织一支规模庞大、物资充足的舰队需要经费和时间。为此，教皇允许费利佩二世征收“十字军东征税”，这对费利佩二世而言自然是重大利好。不过，英格兰探险家兼海盗弗朗西斯·德雷克1587年4月对西班牙加的斯的突袭打乱了费利佩二世的计划。德雷克不仅一举击沉了西班牙30艘战船，还抢走了许多重要物资，致使西班牙组建出征英格兰的无敌舰队的计划被迫延期一年。

翌年2月，新问题接踵而至。久经沙场的海军上将阿尔瓦罗·巴赞（传说中的不败战将）临阵去世，费利佩二世只能改用梅迪纳-西多尼亚公爵阿隆索·佩雷斯·德·古斯曼担任舰队司令。不过，古斯曼深知无法胜任此职，立即给国王写信请辞，但信件被皇家顾问拦截，请辞也以失败告终。

尽管开局不利，西班牙无敌舰队最终还是在1588年5月28日从里斯本浩浩荡荡解缆启航。此次舰队由160艘战舰组成，载着约32400人（其中约21500人为士兵），并配备了2400门大炮。费利佩二世自觉这足以消灭一切反对势力，助力天主教再次主宰英格兰，或者至少能够

▲ 西班牙国王费利佩二世誓言在英格兰恢复天主教

终结英格兰对尼德兰的一切援助（在英格兰的帮助下尼德兰北方七个州已成功脱离西班牙的统治）。

然而，计划制订不易，实施更难。无敌舰队原计划前往尼德兰，与驻扎在那里的帕尔马公爵率领的30000人部队会合，继而掩护并将其运送到英格兰肯特，在那完成登陆后，最终占领英格兰全境。帕尔马公爵全名亚历山德罗·法尔内塞，是一位意大利贵族，此前已成功平息了尼德兰的叛乱，将南方多城（今属比利时）重新纳入西班牙的统治范围，堪称西班牙最伟大的将军之一。可以说，帕尔马公爵可谓英格兰打败西班牙入侵者最大的障碍。不过，随后的天气帮了英格兰人一把。

无敌舰队仿佛注定失败一样，一切都在与它作对。舰队刚出发不久就遭遇风暴，无奈只能退回港口。7月19日，西班牙舰队出其不意地来到英格兰康沃尔，但突袭并不成功。英格兰人迅速点亮沿岸各处灯塔，传告伦敦有西班牙舰队出没。不过，此时英格兰舰队受潮汐影响无法驶出普利茅斯港。于是，便有人向古斯曼提议机不可失，应立即封锁港口关门打狗。但古斯曼迟疑不决，最后声称因尚未得到国王向英格兰开战的圣命，不能采取行动。这一决定与费利佩二世的征服野心相悖，日后无疑会让这对君臣追悔莫及。

当西班牙舰队驶往怀特岛时，命运女神再度青睐英格兰。随着风向与潮汐变化，英格兰舰队在总司令霍华德勋爵和弗朗西斯·德雷克的领导下从普利茅斯港成功突围，转而追击无敌舰队。

7月21日清晨，随着太阳冉冉升起，英格兰舰队已在普利茅斯附近抛锚停泊，并利用己方顺风、敌方（据信拥有气压计）逆风的优势，率先向西班牙舰队发起进攻。

英格兰人深知西班牙舰队的战术是先用大炮猛攻，然后从顶层甲板强登敌船，所以明智地与之保持合适的距离，使西班牙舰队始终在自己的射程范围内，又尽可能地发挥速度优势避免与之近距离纠缠。这一战术使英格兰不损失一兵一舰，但对西班牙舰队小伤害有限。西班牙人采用凸弧形的战列，轻松抵住了英格兰人连珠炮式的攻击，只是因相撞损失了两艘战舰（“罗萨里奥”号和“圣萨尔瓦多”号）。

此时，德雷克挺身而出。在炮火硝烟中，他仿佛回想起过去那段强登西班牙船肆意打劫的海盗岁月。于是，他的海盗之心再次蠢蠢欲动，准备故技重施。当然，此举虽可获取宝贵的物资和信息，但也可能危害英格兰舰队乃至整个英格兰的安全。不过，德雷克准备放手一搏。

为了接近西班牙舰队，德雷克需要夜色掩护。随着夜幕降临，德雷克熄灭了旗舰“复仇”号的灯光。英格兰舰队的其余战舰因要跟随旗舰的灯光保持队形，一时间陷入混乱。就在船长们各自忙乱之际，德雷克登上西班牙战舰，将之洗劫一空。战利品不仅有火药，还有海盗的最爱——黄金。不仅如此，他对西班牙大帆船的内部设计也有了深刻认识。他认为本就十分局促的炮台因装满了补给，导致操控大炮的水兵活动不便。于是，他很快得出结论：对于西班牙人而言，反复装填和发射大炮一定棘手且耗时。

于是，英格兰舰队翌日（7月22日）一直在追赶攻击西班牙舰队，后者在这24小时内确实占据优势。

然而，西班牙舰队终不敌英格兰舰队的速度，还是被追上了。翌日，霍华德勋爵和德雷克指挥士兵集结备战。虽然小规模的遭遇战没能取得战果，但随着不久后英格兰舰队全速出击，四个独立中队全力进攻西班牙舰队，迫使其节节后退。于是，西班牙人安全停泊于索伦特海峡并等待与帕尔马公爵会师的计划彻底泡汤。

古斯曼为了避免品尝失败的苦果，选择撤往加来港求稳。此举看似谨慎，却是一个致命错误。

7月27日，西班牙舰队抵达加来港后，准备在敦刻尔克将帕尔马公爵麾下的30000名装备精良的士兵集结起来。不过，他们很快收到消息，帕尔马公爵的部队因疾病几乎减员近半，且尚未做好出发准备，所以很快放弃了这个计划。加之勇猛的尼德兰人驾驶快艇封锁了敦刻尔克，他们非常清楚庞大的西班牙舰队无法驶入尼德兰海岸的浅水区，于是频繁骚扰无敌舰队，这让西班牙人面临的问题更加棘手。帕尔马公爵此时孤立无援，毫无获救希望，而封锁进一步毁灭了其进军英格兰的美梦。

正当古斯曼对下一步犹豫不决时，英格兰人已经胜利在望。深海孤舰不免给人以压迫感，于是古斯曼下令停泊在加来港的无敌舰队采用紧密队形，希望不再有所损失。不过，令他意想不到的是，英格兰人针对紧密队形制定了一条妙计。

临近午夜，一阵惊呼突然打破加来港的沉寂。英格兰人采取了火攻。西班牙士兵看见至少有8艘火攻船向其驶来，每艘船的甲板上都涂满了硫黄、沥青、焦油和火药。

▲ 西班牙入侵英格兰的希望随着沉没的战舰一起破灭

由于害怕这些步步逼近的火攻船都是装满火药的“地狱之火”，无敌舰队的大部分战舰都匆忙脱离队形驶向安全地带，只留下了古斯曼和西班牙主力战舰应对残局。

火攻船虽然未能摧毁任何一艘西班牙战舰，但确实成功地搅乱了无敌舰队坚不可摧的紧密队形。此时，这片海域已被清空，虚位以待两军在比利时格拉沃利讷港外进行大决战。英格兰已经胜券在握。

与此同时，英格兰舰队意识到要想对敌造成足够伤害，就必须与敌相距100码[①]之内，于是他们向前航行并向无敌舰队再次发起连珠炮式的攻击。一些西班牙战舰受到攻击后舷侧开裂，炮手相继落水，船体随之倾覆。尽管如此，西班牙水兵仍在还击。经过八个小时的战斗，5艘西班牙战舰沉没海底，英格兰人也因弹药耗尽开始撤退。

① 1码约为0.9144米。

西班牙哈布斯堡王朝

战舰

160艘

船员

32400人

加农炮约

2400门

阿隆索·佩雷斯·德·古斯曼

古斯曼尽管坚决表示不愿担此重任，但仍奉费利佩二世之命率队出征。虽竭尽全力，但事实证明他确实缺乏军事经验。

+ 重组舰队，增添舰船。
- 在意识到自己缺乏经验后，他勉为其难地继续指挥。

“圣马丁”号

作为无敌舰队的旗舰，“圣马丁”号为了救援一艘己方战舰，独自击退了15艘英格兰战舰，前后坚持了一小时之久。

+ 配备48门大炮的海洋巨兽。
- 因舰内结构紧凑，装填加农炮就变得十分困难。

剑

因为西班牙士兵接受过发炮后抢登敌船的训练，所以喜欢在船上使用剑之类的武器。

+ 剑非常适合在狭窄的甲板上进行近战使用。
- 当西班牙舰队在格拉沃利讷与英格兰舰队相距甚远时，剑也就没了用处。

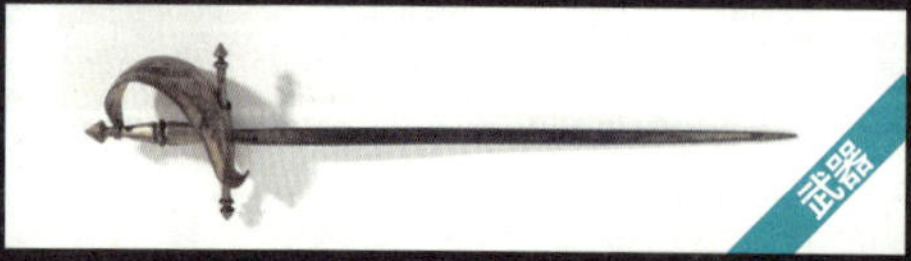

英国

战舰约

200艘

水手

18000人

加农炮

3000门

弗朗西斯·德雷克

被誉为民族英雄的弗朗西斯·德雷克爵士，在无敌舰队来犯前已有25年海上航行和战斗的经验。

+ 拥有丰富的海战经验。
- 提前许以名利可能会影响他的判断。

“复仇”号

由德雷克指挥的旗舰“复仇”号带领英格兰舰队在格拉沃利讷取得胜利。

+ 舰队行动迅速，装备精良，外加舰上46门大炮和德雷克的指挥。
- 虽然只有400吨重，但建造成本却高达4000英镑，在当时可谓花费甚巨。

长管炮

长管炮一词在拉丁语中是“蛇”的意思。这种多功能的火炮在16世纪末为英格兰人所青睐。

+ 弹道平长，弹丸初速高。
- 装弹耗时，十分沉重而无法移动。

英格兰舰队的“胜利”号发出了最后一枚炮弹，宣示了英格兰取得格拉沃利讷海战的胜利，同时也击碎了西班牙国王费利佩二世征服英格兰、恢复天主教的美梦。

最终，英格兰舰队的“胜利”号发出了最后一枚炮弹，宣示了英格兰取得格拉沃利讷海战的胜利，同时也击碎了西班牙国王费利佩二世征服英格兰、恢复天主教的美梦。但事实上，当古斯曼收到帕尔马公爵被困的消息时，西班牙就已经无法威胁伊丽莎白一世的统治了。

所以，重温伊丽莎白一世在蒂尔伯里发表的那场激动人心的著名演讲时，若是知道当时危机已经解除，或许就没那么心潮澎湃了。

古斯曼犯了许多错误。他在需要杀伐决断时犹豫不决，在需要给予敌人致命一击时畏首畏尾。但是，无敌舰队的惨败却不能完全归咎于他一人。这项出征计划源自统治者意欲让恼人的邻国忌惮自己权力的私欲，充满了规划不善与意气用事，所以从酝酿之初就注定无法成功。

无敌舰队在格拉沃利讷失败后驶向苏格兰，又在回国途中遭遇风暴，差点全军覆没。生还者不足万人，且其中大多身患重病，甚至奄奄一息，据说为此愤怒的费利佩二世还痛斥了“上帝的风浪”。

经过随后数年的发展，英格兰这支新兴的海上力量逐渐可以与西班牙海军匹敌抗衡。双方在派出舰队干预对方无果后，渐渐意识到和平协定才是发展的必然趋势，最终在1604年签署了《伦敦条约》。彼时，费利佩二世已经去世六年，生前想结束英格兰对其内政无端干涉的愿望落了空。

在接下来的数百年间，西班牙渐渐让出了国际舞台的中心位置，而英国则建立起一个帝国。倘若当年古斯曼成功登陆英格兰海岸，帕尔马公爵部队也发挥了全部实力的话，或许世界历史将会有很大不同。

1588年8月8日

在加来港和尼德兰沿岸，英格兰舰队将西班牙无敌舰队驱赶至英吉利海峡的外海。无敌舰队受损严重，其得以侥幸逃走的唯一生机就是等风停下来后，带领军队登陆西属尼德兰来躲避德雷克的进攻，从海岸上坐着驳船登陆并与西班牙驻佛兰德斯军会和是唯一取胜的机会。

01 逃往加来港

8月8日凌晨，历经炮火攻击后的西班牙无敌舰队已是焦黑一片，残余部队发现自己正孤零零地漂泊在加来港东北部，而英格兰舰队此时正在追捕他们。西班牙战舰“圣洛伦索”号因遭到火攻船的袭击而受损，试图偷偷划进中立的加来港。“皇家方舟”号也想脱离队形尾随“圣洛伦索”号入港，却遭到法国大炮的警告。

02 拖延时间

古斯曼的旗舰“圣马丁”号及其他4艘战舰拦在了英格兰舰队和受损的无敌舰队之间。这些勇敢的西班牙人采取拖延战术，坚持了两个多小时，为无敌舰队争取到重整队形的时间。历经万难，5艘西班牙战舰最终回归无敌舰队，成为队形中的一员。

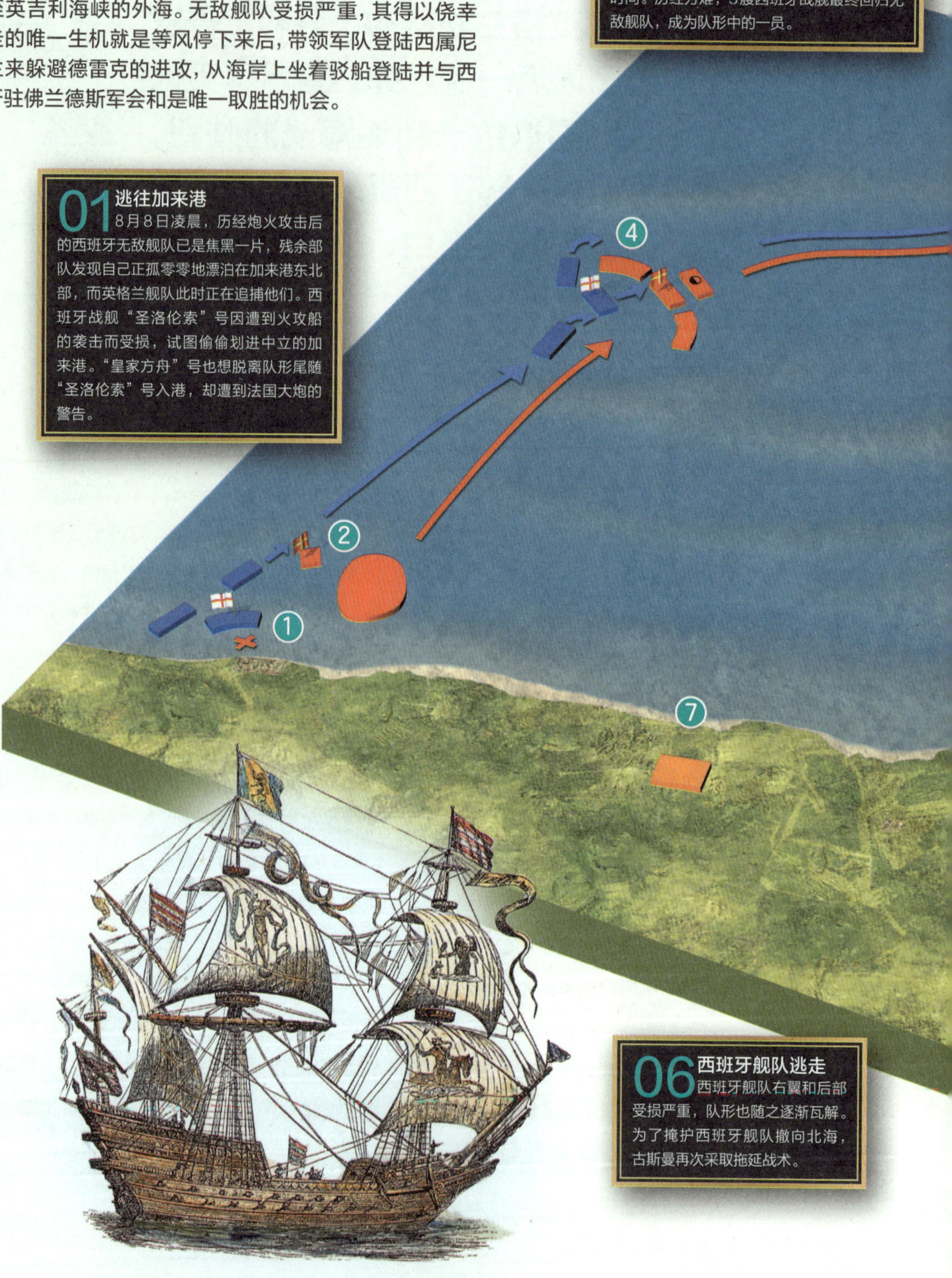

06 西班牙舰队逃走

西班牙舰队右翼和后部受损严重，队形也随之逐渐瓦解。为了掩护西班牙舰队撤向北海，古斯曼再次采取拖延战术。

古斯曼迟疑不决，最后声称因尚未得到国王向英格兰开战的圣命，不能采取行动。这一决定与费利佩二世的征服野心相悖，日后无疑会让这对君臣追悔莫及。

03 隐患

海标是导航系统标识，可以标记出佛兰德斯浅滩附近沙堤的位置，以免舰船搁浅。由于尼德兰叛军清除了海标，无敌舰队无法直接驶入尼德兰海岸，也无法与正在等待的西班牙驻佛兰德斯军会合。

04 战斗开始

英格兰舰队在得到在加来港袭击“圣洛伦索”号的战舰的增援后，继续对无敌舰队新月队形的右翼发起攻击，这一队形保护着后面的补给舰。轻巧的英格兰战舰可以轻松地从侧翼攻击速度缓慢的西班牙战舰，并在靠近后发射火枪和大炮。英格兰舰队不断调整到顺风位置，并向西班牙战舰暴露出的脆弱的船身开火。

05 苦战

仍在保持队形的无敌舰队受损严重。至午后时分，英军也弹药耗尽，一些炮手将铁链和其他残骸碎片作为炮弹发射出去，持续向西班牙人施压。经过八小时的苦战，英格兰舰队撤离，西班牙人利用这口喘息时间修整战舰，而刮起的风也增加了其成功逃往尼德兰的可能性。

07 孤军

帕尔马公爵麾下的西班牙驻佛兰德斯军是一支主要负责镇压尼德兰叛乱的多国部队。其未能与西班牙无敌舰队会师，危及英格兰本土。

08 浅水攻击

与英格兰结盟的尼德兰叛军指挥快艇在沙洲等待，并灵活穿过海岸周边的危险水域。如果西班牙驻佛兰德斯军乘驳船加入西班牙无敌舰队，英格兰将向其发起进攻。

勒班陀海战

1571年10月7日，爱奥尼亚海，
帕特雷湾，勒班陀

迈克尔·哈斯丘（Michael Haskew）

唐·胡安的旗舰

奥地利的唐·胡安是神圣同盟舰队司令兼海军上将，他的旗舰是“国王”号。在与阿里帕夏的旗舰“苏丹娜”号交战时，该舰上方悬挂着哈布斯堡王朝的双头鹰旗和基督教的十字旗。

内格罗尼系列桨帆船

热那亚的内格罗尼系列桨帆船装饰有白红相间的马耳他十字架。在与奥斯曼帝国的桨帆船交战时，船上的火绳枪枪手在脱离掩体的位置与敌军交火，而桨手则保证船在近战中继续前行。

桨帆船历史悠久，应用广泛；奥斯曼帝国疆域辽阔，势力已扩张到地中海。两者本风马牛不相及，但却在勒班陀海战一同走向了终结。1570年，奥斯曼帝国从威尼斯手中夺下了塞浦路斯，进而拿下了东岸的孤城法马古斯塔，并屠杀了守军。帝国的统治者苏丹塞利姆二世扬言要继续西进，进一步征服基督教世界。为此，教皇庇护五世组织起神圣同盟予以对抗。

奥斯曼帝国舰队由230艘桨帆船和70艘快速划桨船组成，正停泊在勒班陀。舰队司令阿里帕夏计划率领舰队向西进攻。另一方面，神圣同盟的舰队也正在西西里岛墨西拿港集结。舰队由西班牙国王费利佩二世同父异母的弟弟，被称为奥地利的唐·胡安率领，时年24岁。这支舰队共有206艘桨帆船，以及6艘加莱赛战船，每艘都可装备40多门大炮。此外，其他盟友也都有

阿里帕夏的旗舰
阿里帕夏率领的旗舰“苏丹娜”号悬挂着（三轮）新月旗，处于唐·胡安的旗舰“国王”号的右舷船尾。它似乎正在与神圣同盟舰队的一艘较小战舰对决。这位手指桨帆船尾部的指挥官可能就是阿里帕夏。

实力悬殊
这幅作者不详的16世纪画作，描绘了神圣同盟的一艘威尼斯加莱赛战船正在向一艘轻小的奥斯曼帝国桨帆船开炮的情景。奥斯曼帝国舰队也有70艘加莱赛战船，船上配有10门小口径加农炮和32名桨手。

致命火焰
奥斯曼帝国战舰燃起熊熊大火，水手纷纷弃船而逃。旁边驶过由阿尔巴尼亚的穆拉特·雷斯指挥的奥斯曼帝国战舰，上面悬挂着一面金白相间、中间有一轮新月的战旗。不过，至今尚无法确认穆拉特·雷斯是否真的参加过勒班陀海战。

叛徒的战舰
位于图中前景的是基督教变节者乌鲁奇·阿里的战舰，彼时正试图逃离战场。乌鲁奇·阿里向神圣同盟舰队的中心区域发动攻击，俘获许多战舰并屠杀了舰上的所有人。然而，神圣同盟的预备队前来增援，将其击退。

时代霸主
神圣同盟舰队中有一艘巨大的加莱赛战船（威尼斯城邦赞助的6艘战船之一），悬挂着威尼斯标志性的黄金狮子旗。加莱赛战船比桨帆船更大，尽管仍依靠风力驱动，但是可以提供更加威猛的火力输出，堪称时代霸主。

贡献。威尼斯共和国赞助了加莱赛战船和105艘战舰，另两个西班牙帝国的成员那不勒斯和西西里赞助了49艘船，热那亚共和国则赞助了27艘。当然，教皇国、托斯卡纳大公国、萨伏依公国以及医院骑士团也提供了战舰，只是数量较前述国家要少。

9月中旬，载有近29000名士兵和40000名桨手和水手的神圣同盟舰队正式启航。舰队士兵中还包括优秀的西班牙步兵，他们精通早期火枪——火绳枪，这将在接下来的战斗中发挥重要作用。而奥斯曼帝国舰队则集结了31000多名士兵、50000名桨手和水手，其中许多人是基督徒奴隶。

两支舰队刚一碰面，双方指挥官就急着下令交火。神圣同盟舰队的左翼由威尼斯的阿葛斯提诺·巴巴里戈指挥；右翼由热那亚海军名将安德鲁·多利亚指挥；中路则由唐·胡安亲自指挥，威尼斯的塞巴斯提诺·维尼尔和罗马的马尔坎托尼奥·科隆纳辅佐；预备队则由圣克鲁斯岛的西班牙传奇名将阿尔瓦罗·巴赞指挥。唐·胡安最初担心盛行风会阻碍舰队编队，但关键时刻风向发生了变化。

当奥斯曼帝国的桨帆船逼近时，神圣同盟舰队派出威尼斯加莱赛战船重炮出击。居于奥斯

曼帝国舰队右翼的穆罕默德·西洛可旋即率领快速划桨船从阿葛斯提诺·巴巴里戈指挥的舰队中间穿过，意图包抄进攻。巴巴里戈随即下令舰队调转方向，将西洛可围堵在帕特雷湾的北岸。于是，一场疯狂的混战接踵而至。两军战舰相互碰撞，火绳枪的子弹和箭镞如密雨般从天而降。巴巴里戈舰队守住了防线，但他本人因一只眼睛被箭刺穿后阵亡，同时阵亡的还有西洛可。

在战场中心区域，两军旗舰狭路相逢，西班牙步兵与奥斯曼帝国禁卫军陷入了你死我活的决斗。唐·胡安腿部负伤，阿里帕夏则被火绳枪射出的铅弹击穿头颅，当场阵亡，这自然动摇了土耳其人的军心。神圣同盟舰队的危急时刻出现在右翼。是时，乌鲁奇·阿里率领奥斯曼帝国战舰来到多利亚舰队附近的真空地带，随即发起进攻。战争随之达到高潮。

关键时刻，神圣同盟的预备队挺身而出。阿尔瓦罗·巴赞舰队遏制了敌人的侧翼，奋力营救多利亚舰队。至此，奥斯曼帝国最后的挣扎以失败告终，舰队就此溃不成军。只有乌鲁奇·阿里的舰队几乎没有受损，得以幸存。最终，奥斯曼帝国付出了130多艘战舰被俘、50艘被击沉、30000人阵亡的代价。相形之下，神圣同盟一方仅有7500人阵亡。

神圣同盟舰队

部队 29000 人
水手 40000 人
加农炮 1800 门
战舰 212 艘

统帅

奥地利的唐·胡安

唐·胡安是一位久经沙场的陆军指挥官，勒班陀海战只是他军旅生涯的一个片段。

强项： 尽力维系并统一指挥着脆弱的联盟。

弱项： 尽管作战经验丰富，但缺乏海战经验。

关键单元

神圣同盟舰队中的步兵

神圣同盟舰队中的步兵，尤其是唐·胡安舰队上的西班牙精锐火绳枪枪手，在勒班陀海战中表现卓越。

强项： 具备精准操作装填式火绳枪的专业能力。

弱项： 步兵在摇晃不稳的舰载平台上实力受限，不如奥斯曼帝国弓箭手。

关键武器

火绳枪

火绳枪是一种早期的前装式滑膛枪。

强项： 有时可以集中攻击远处的敌人。

弱项： 操作很麻烦，尤其是在距离较短时。

01 战斗的黎明

1571年10月7日清晨，太阳冉冉升起，年仅24岁的奥地利的唐·胡安率领神圣同盟舰队沿着希腊西海岸线朝东驶向帕特雷湾。不久，奥斯曼帝国庞大的舰队从勒班陀的锚地驶出，出现在唐·胡安眼前。神圣同盟舰队的牧师随即在船上举行了赦免和祈祷仪式，保佑舰队的平安与胜利。

02 排兵布阵

唐·胡安是神圣罗马帝国皇帝查理五世的私生子，也是西班牙国王费利佩二世的同父异母的弟弟。唐·胡安指挥全副武装的加莱赛战船奋勇前进，力图击溃奥斯曼帝国的先锋队。教皇庇护五世曾对他说："土耳其人骄傲自满，妄想霸占我们的舰队。……上帝将赐予我们胜利。查理五世给了你生命。我将给你荣誉和不朽。去，揪出他们吧！"

03 东风

奥斯曼帝国舰队司令阿里帕夏将舰队编排为巨大的新月形，但风向的变化却对神圣同盟舰队有利。奥斯曼帝国舰队被迫降下船帆，命令桨手与敌人靠近时要顶风划桨。虽然奥斯曼帝国舰队在战舰数量上远超神圣同盟，但阿里帕夏的桨帆船上共安装了不到800门大炮，而神圣同盟舰队却有1800多门，所以前者在火力上完全不敌后者。

04 战斗打响

中午前后，两军短兵相接。在战场中心区域，神圣同盟主体舰队前列的威尼斯加莱赛战船通过大炮射击至少击沉了两艘敌军桨帆船。在多利亚的建议下，唐·胡安下令舰队拆下所有用于撞击敌舰的船艏桅杆，以便加农炮可以射得更低，攻击敌舰在水线以下的船身。

10 桨帆船的挽歌

奥斯曼帝国残存舰队撤离，标志着最后一次利用桨帆船的大海战，同时也是有史以来最大的海战之一就此结束。

09 阿尔瓦罗·巴赞及时救援

阿尔瓦罗·巴赞指挥的神圣同盟预备队有35艘桨帆船，见状迅速赶来，粉碎了乌鲁奇·阿里包抄中路、围歼多利亚舰队的计划。

路线

- 奥斯曼舰队
- 神圣同盟舰队

08 乌鲁奇·阿里的最后一搏

随着战斗愈演愈烈，作为舰队司令的唐·胡安也被拖入战斗，多利亚只能尽力保持与舰队中心的联系，但两者的间距不断扩大。这为乌鲁奇·阿里留出了突破口，后者试图包抄神圣同盟舰队中心区域，切断其与多利亚舰队的联系。

07 决斗者之死

巴巴里戈鼓励部下坚持原有的路线。在得知西洛可在战斗中阵亡后不久，他也中箭身亡。威尼斯士兵受到巴巴里戈身先士卒、以身殉国的鼓舞，最终击溃了敌人的进攻，取得了胜利。

06 海盗船 VS 威尼斯舰队

奥斯曼帝国的桨帆船利用速度优势迅速穿过由巴巴里戈指挥的神圣同盟的左翼舰队。西洛可指挥的舰队紧随其后，扰乱了敌舰的防御队形。不过，巴巴里戈巧妙地将大量奥斯曼帝国战舰围困在希腊海岸边，并逐一消灭。

05 唐·胡安 VS 阿里帕夏

唐·胡安与阿里帕夏展开生死对决。阿里的旗舰"苏丹娜"号撞击唐·胡安的旗舰"国王"号。西班牙步兵及火绳枪枪手向奥斯曼帝国的精英禁卫军开火，并两次登上"苏丹娜"号，但都在肉搏战中被击退。火绳枪射出的一颗铅弹当场击毙阿里帕夏。西班牙人将其斩首，并将头颅挂在一根长矛上。附近的土耳其人见状被吓得惊慌失措。

奥斯曼舰队

部队 31000 人
水手 50000 人
加农炮 750 门
战舰 300 艘

统帅

阿里帕夏

阿里帕夏不仅在勒班陀海战中失去了生命，还失去了珍贵的旗帜"哈里发大旗"。

强项： 勇敢、自信，深深感染着部下。

弱项： 易冲动，战术拙劣，无法在勒班陀海战中保持凝聚力。

关键单元

苏丹近卫军

苏丹近卫军是奥斯曼帝国步兵中的精英，最初组建时是苏丹的护卫或家丁。

强项： 冲锋时不畏牺牲，高效有力。

弱项： 虽然早期的近卫军是专业的弓箭手，但在敌人炮火面前不堪一击。

关键武器

奥斯曼弓箭

虽然奥斯曼帝国的步兵在勒班陀海战中使用了火绳枪，但许多弓箭手也参加了战斗。

强项： 坚固的复合材料弓射速很快。

弱项： 杀伤力不如火绳枪，且弓箭手射击时也易受热兵器干扰。

军舰

军舰是16世纪至19世纪最具名气与威力的武装船舰，可用于贸易、外交和战斗等多种用途

16世纪上半叶的50年内，人们设计出各式军舰，其中最有代表性的当数操纵性高、储存空间大、武器火力猛的大帆船和风帆战列舰。此前，圆船和柯克船自中世纪起一直被用于欧洲的贸易、运输和战争中。这两种舰船靠桨而非帆驱动，同时增加了桅杆、甲板、大炮和先进操舵系统，人们因此得以乘风破浪，远洋航行，开辟一个全新的世界。大航海时代的序幕就此拉开。

在各式军舰中，以约翰·霍金斯爵士设计的军舰最负盛名。霍金斯爵士在伊丽莎白一世在位期间担任英国皇家海军的财务官和指挥官，是1588年英国击败西班牙无敌舰队的关键人物。他以西班牙大帆船和葡萄牙克拉克帆船为原型，成功改造出一艘军舰，并由亨利八世赐名为“霍金斯军舰”。此舰有三桅，60米长，最多可配备124门大炮（前4门，后8门，两侧各56门）；由风帆驱动，最高航速可达9节（约每小时17千米）。此舰在17世纪和18世纪所向披靡，被公认为舰船改造的成功案例，随后还被弗朗西斯·德雷克爵士在数次探险中使用及改造。

18世纪末至19世纪的一级战舰被设计用来在战斗中执行一种特定的海军战术——一旦敌舰进入射程范围，便用舰身两侧安装的重炮射击。纳尔逊勋爵的旗舰“胜利”号便属此类。此舰装备了多门重达32、24和12磅①的重炮，足以给予敌人致命一击。

对于这些一级舰船而言，运输、外交和战斗是首要任务和功能所在，其次才是贸易。

① 1磅约0.4536千克。

风帆驱动的霍金斯军舰在17世纪和18世纪所向披靡，被公认为舰船改造的成功案例。

▼“胜利”号——军舰之典范

军舰内部

军舰长久称霸的秘密

▲ 大帆船装备了足够的火力

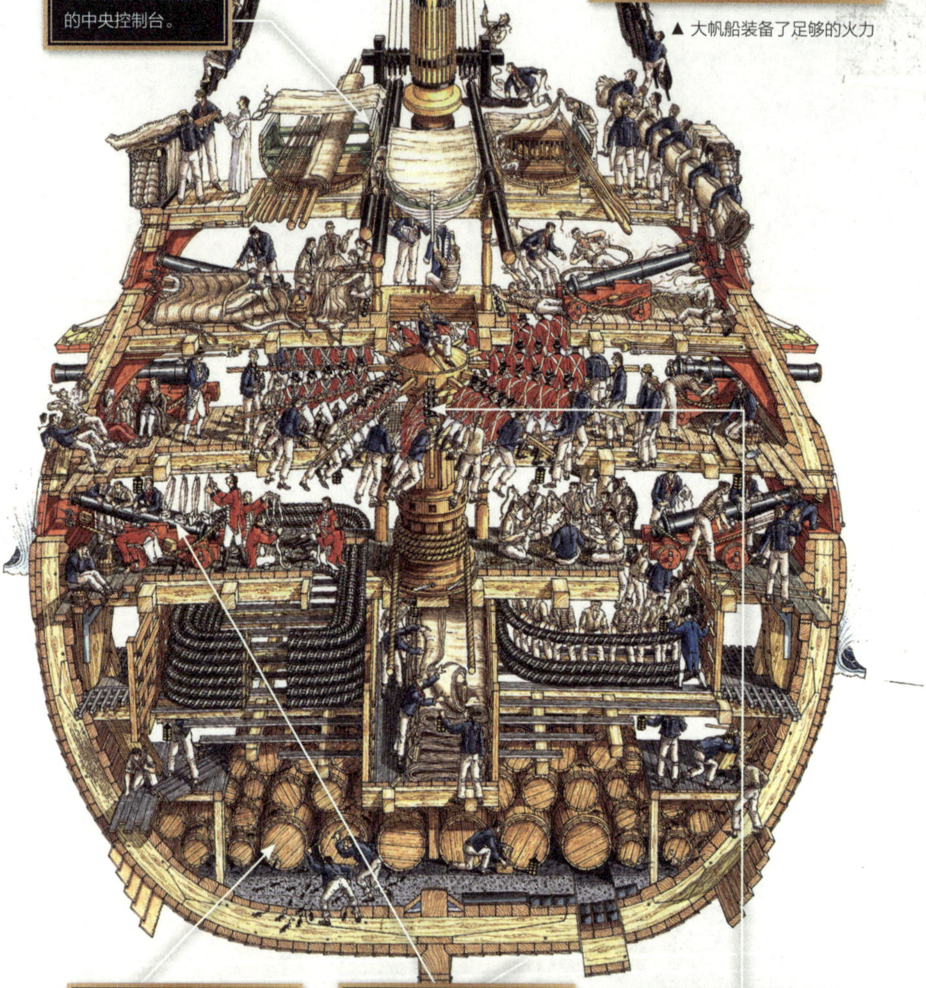

桅杆

包括后桅、主桅和前桅在内，军舰通常有两到四根桅杆。

后甲板

后甲板是军舰举行仪式之地，入港后成为各种大型活动的中央控制台。

货舱

早期的军舰多用于探险和贸易，以便搜罗琳琅满目的货物，比如食品、贵重金属，以及奴隶。

大炮

长管炮和重达2540千克的军舰半炮被广泛装备于军舰，后者口径6英寸（15厘米），射程可达490米。

锚

军舰需要偌大的空间运载货物、大炮和船员，而锚的尺寸同样非常大，需要多人合力吊起。

战船进化

15—16 世纪（卡拉维尔帆船）

15世纪，葡萄牙人发明了一种小型轻便的帆船，主要用于欧洲和非洲的探险、贸易和海战。

15—16 世纪（克拉克帆船）

克拉克帆船被公认为大航海时代伟大船舰的先驱。这种三桅或四桅舰配有大炮，略大于卡拉维尔帆船，可进行远航。

16—18 世纪（西班牙大帆船）

承担贸易和战争任务的西班牙大帆船为了提高稳定性和操作性，降低了艏楼，加长了船体，并在甲板上装配了多种大炮，成为战场上的主要火力输出点。

17—19 世纪（轻帆船）

和风帆战列舰相似的轻帆船，较西班牙大帆船略小，但武器更轻，行动更快，常用于巡逻、护航、保护商船及商业航线。

17—19 世纪（风帆战列舰）

远洋时代的最大军舰——风帆战列舰是战斗中的主力军舰。

胜利高脚杯

这只精美绝伦的高脚杯纪念着荷兰海军1667年战胜了英国

袭击梅德韦河是荷兰历史上最著名的一场军事胜利。在第二次英荷战争（1666—1667）期间，一支荷兰舰队沿着肯特的梅德韦河航行，于1667年6月19日至24日在查塔姆和吉林厄姆附近奇袭英国皇家海军。当时，荷兰海军中将米歇尔·德·勒伊特率先占领了希尔内斯镇，从而使荷兰海军得以从海上猛攻英军并袭击了英军海岸要塞，烧毁并俘虏了包括皇家“查尔斯”号在内的13艘皇家海军舰船。此次战役也使皇家海军蒙受了最严重的损失。

取胜后的荷兰欣喜若狂，将海军指挥官们奉为英雄，向其颁发了荣誉金链、抚恤金和纪念金奖杯。图片（下页）上的这只高脚杯由海牙的尼古拉斯·鲁克曼斯制造，杯盖上印有荷兰共和国的标志，杯身刻画了米歇尔·德·勒伊特的光辉事迹，并配有轰炸堡垒、英国战舰失火和进军罗切斯特镇等连续场景。为了展示荷兰在海上力压英国的威风，鲁克曼斯还绘画了多艘荷兰战舰，上面悬挂的荷兰共和国国旗正迎风飘扬。

▲ 米歇尔·德·勒伊特是历史上最伟大的海军指挥官之一，曾数次击败英军和法军

◀ 高脚杯高 30 厘米，直径 15 厘米，收藏于荷兰国立博物馆。尼古拉斯 · 鲁克曼斯虽常用银制作高脚杯，但这次他选择用黄金制作以纪念荷兰海军的成就

尼罗河河口海战

1798年8月1日至3日，埃及阿布基尔湾

截至1798年年初，法国革命军已与欧洲各国交战六年有余，其中五年都在与英国交锋。拿破仑成功统领法国与荷兰、奥地利、比利时和西班牙等国结成联盟，而英国是唯一一个仍在抵抗的大国。不过，法国海军在实力上不敌英国确是不争的事实，直接正面对抗并非良策。而且，法军此时缺兵少将，许多高级海军军官在大革命中遭到处决，经验丰富的现役指挥官已是凤毛麟角。

于是，拿破仑为了巩固法兰西共和国的地

“柏勒洛丰”号虽然敢于迎战装备120门炮的法国海军旗舰“东方”号，但终究没能逃过全军覆没的结局，只留下桅杆碎片随风漂流。

位，只能另辟蹊径，转而将目光投向埃及。或许他希望通过远征埃及，进而威胁英国在印度的霸权地位。尽管拿破仑发动埃及战役的动机尚未得到彻底揭示，但他的对手、精明果决的英国海军上将霍雷肖·纳尔逊成功阻止了法军前进的步伐，扭转了战争的局势。

纳尔逊的首要行动便是锁定法军位置，于是在地中海追踪了数月，但都无功而返。倘若英法两国舰队最终擦肩而过，历史将会被改写。功夫不负有心人，纳尔逊的二度巡航亚历山大得到了回报。当时，他突然发现亚历山大港挤满了200艘法国运输船，导致法军的战舰无法入港，只能停在阿布基尔海湾。这一阵型也说明法国的后卫部队无法支援先头部队，英军可轻松攻击处于背风位置的法国部队。

纳尔逊已经与他的舰长下属们在海上漂泊了足够长的时间，早已就战术进行了深入讨论，这使得整个英国舰队成为命令传达顺畅、行动协同合作的战斗群。相形之下，法国舰队则毫无准备，各自为战。纳尔逊旋即下达攻击命令。英国舰队兵分两路：第一路绕过法国舰队的前方，驶入下锚的法舰和海岸之间的间隙；第二路则驶近

法舰向海的那一面。不过，英军并未占到太大便宜，纳尔逊的旗舰表现不佳，前方排炮区域伤亡惨重，纳尔逊本人也负了伤。

其他战舰的战况也不容乐观。装备74门炮的英国“柏勒洛丰”号虽然敢于迎战装备120门炮的法国海军旗舰“东方”号，但终究没能逃过全军覆没的结局，全舰官兵或死或伤，只留下桅杆碎片随风漂流。当然，法军伤亡人数也不比英军少。

然而，随着法军中部和前部的战舰被英军摧毁，特别是“东方”号随后发生巨大的爆炸，尼罗河河口海战迎来了决定时刻。晚10点左右，在英国“亚历山大”号和“确捷”号的炮火扫射下，法国“东方”号的弹药库起火，最终引发大爆炸。其威力之大导致周围数英里的大地都随之颤动，就连15吨重的舵叶都被甩到一千米之外。英国旋即打扫战场，幸存的法国战舰或投降于英军，或火速逃离战场。

纳尔逊在尼罗河河口战役中取得了巨大的胜利。法国舰队共5225人阵亡，3105人被俘。相形之下，英国人仅有895人伤亡。英国的胜利标志着拿破仑对埃及的统治宣告结束，不会再对英属印度构成威胁。

法兰西第一共和国战队

船员 9710 人
战舰 17 艘
大炮 1196 门

领导者

弗朗索瓦·保罗·布鲁伊

布鲁伊出身贵族家庭，在法国大革命中侥幸逃过一死，最后与自己的旗舰一起沉没海底。

强项：他是一位技术娴熟、经验丰富的指挥官，不畏牺牲。

弱项：因目光短浅和疏于准备而最后葬身于海底。

关键舰船

旗舰“东方”号

布鲁伊指挥的一等舰“东方”号是尼罗河河口海战的主力。

强项：装备了120门大炮的舷侧比英国最大的战舰还要大三分之一。

弱项：装载着松节油和油漆的“东方”号早晚会起火。

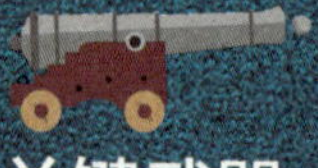

关键武器

36 磅重炮

“东方”号120门炮中有32门36磅重的加农炮，这也是法国舰队上最大的加农炮。

强项：对战舰和海防的破坏力惊人。

弱项：很重，需要14个人操作。

01 准备不足

法国人将战舰与海岸线平行停泊，并用锚索相连，以防敌人潜入。许多船员顺势下船寻找水和食物，战舰上的船员和士兵也因长久出海已不在状态，指挥官保罗·布鲁伊则因没有预料到敌军突袭而并未予以整顿。

02 突破防线

随着夜幕降临，能见度逐渐降低，纳尔逊选择冒险进攻法国舰队。“热心”号舰长海军上将塞缪尔·胡德被任命为攻击指挥，但“歌利亚”号的福利舰长率先发现了敌军弱点，趁机突破法国战舰和海岸之间的防线，试图在法国军队猝不及防时将之一举拿下。

03 意外出局

英国军舰“卡洛登”号的舰长托马斯·特鲁布里奇过于着急行动，以致战舰在阿布基尔海岛的浅滩搁浅。尽管船员使出浑身解数，但战舰却没有移动分毫，直到第二天早上才摆脱危机。不过他们至少起到警告其他军舰不要靠近阿布基尔岛沙滩的作用。

04 排兵布阵

“热心”号、“猎户座”号、“忒修斯”号和“大胆”号跟随“歌利亚”号来到新的战列位置，而“前卫”号上的纳尔逊海军上将则跟随剩下的大部队来到了防线之外。夜幕降临，战斗开始，战舰灯火通明。

05 英军伤亡

英国三等舰“柏勒洛丰”号的交战对手是比自己大两倍的一等舰“东方”号，前者伤亡惨重，桅杆被打得支离破碎。与此同时，英国军舰“庄严”号将副臂吊杆（船前部的长梁）伸入并卡在了法国军舰“幸运”号的索具中，导致伤亡惨重，其中也包括舰长韦斯科特。

06 “致命”小伤

纳尔逊的头部被一颗（海战中用以破坏敌船船帆或索具的）钉弹击中。他本以为大限将至，但伤势并不致命，后被外科医生治愈。

07 交叉火力

在开战两个小时后，英国军舰“亚历山大”号和“确捷”号加入战斗，一左一右来到法国旗舰“东方”号两旁。随后，“亚历山大”号驶向“东方”号船尾，“确捷”号驶向船头，两舰交叉开火，“东方”号顿时起火。纳尔逊在确定胜券在握后，便回到甲板。

08 旗舰爆炸

“东方”号上的大火蔓延到油漆和松节油仓库。至此，英法两国舰队的其他舰船也都料到了“东方”号的命运，纷纷切断了连接“东方”号的锚索，与这艘命不久矣的旗舰保有一段距离，以示尊重。最终，大火引起的爆炸吞噬了偌大的“东方”号。

09 随舰殉国

海军上将弗朗索瓦·布鲁伊量然头部和手臂负了重伤，但仍选择站在后甲板上，在爆炸中随舰殉国。

10 法国投降

“东方”号的爆炸动摇了法国舰队的决心。午夜时分，法国军舰“富兰克林”号降下了旗帜。此时，除6艘外，其他法国军舰都已投降。至凌晨3点，双方停止交战。黎明时分，英国俘虏了没有逃跑的法国士兵。纳尔逊大获全胜。

英国战队

船员 8169 人
战舰 14 艘
大炮 1012 门

领导者

霍雷肖·纳尔逊

历史刻画的胜利者大多春风满面，作为拿破仑的对手，纳尔逊确实精明果决。

强项： 海军天才，具有敏锐的战术头脑和与之相称的勇气。

弱项： 敌舰更加庞大精良。

关键舰船

“前卫”号

纳尔逊的旗舰“前卫”号虽为三等舰，但是所有舰船中速度、操控性、功率和成本方面性价比最好者。

强项： 灵活威猛。

弱项： 无法匹敌“东方”号。

关键武器

32 磅重炮

32 磅重的火炮是皇家海军中最大的加农炮，即所谓的“半加农炮”，在“前卫”号上装备了28门。

强项： 与36磅重炮相比重量更轻，操作所需的人数更少。

弱项： 与法国舰队的火炮相比射程更短，命中率也是出了名的低。

纳尔逊和特拉法尔加海战

特拉法尔加是英国抵御法国入侵的最后防线。
这也是纳尔逊与劲敌拿破仑的终极之战

弗朗西斯·怀特（Frances White）

1805年10月21日午前，英国皇家海军上将霍雷肖·纳尔逊子爵伫立在“胜利”号甲板上。一阵西风拂面，远处法国与西班牙联合舰队的护卫舰尽收眼底。几周来，纳尔逊一直在一边等待时机，一边打磨战法，力求每项行动计划的细节都万无一失。现在，时机已到，他示意舰队开始进攻。在不到五个小时的时间里，他将历经一场决定性的战斗——这将定义他的一生，也将终结他的一生。

今天，纳尔逊以战士、指挥官和胜利者的高大形象成为英国最伟大的英雄之一。然而，他在刚出生时却并非如此。1758年9月29日，纳尔逊出生于英国诺福克郡伯纳姆索埔村。他是家中11个孩子中的老六。刚出生时身体非常孱弱，以致父母害怕他就此夭折，早早就给他进行了洗礼。从此，一代传奇开启了与困难作斗争并取得成功的一生。

纳尔逊一家虽然并非寂寂无名，但也绝非大富大贵，父母要操心子女未来的生计问题，所以不得不动用一切人脉为孩子铺路。纳尔逊的母亲凯瑟琳·索克令虽是英国第一任首相罗伯特·沃波尔的远亲，但在纳尔逊9岁时便不幸去世。好在舅舅莫里斯·索克令是海军上校，在他的影响与帮助下，纳尔逊从12岁起便得以在英国皇家海军“合理”号上服役，自此开启了海军生涯。

纳尔逊刚入伍时军阶位列部队底层，但对他

几周来，纳尔逊一直在一边等待时机，一边打磨战法，力求每项行动计划的细枝末节都万无一失。现在，时机已到。

长寿与安生从来不是纳尔逊的追求，他是大海的主宰者，是无畏的冒险家。

而言荣耀高于一切。扬名立万的强烈意愿激发出的工作热情深深感染着上级领导，也使他的军阶飞速上升。这对一个严重晕船的男孩儿而言来之不易。

在多次横渡大西洋后，纳尔逊希望尽可能多地丰富阅历，申请调往“卡尔卡斯”号服役，随舰前往北极探险，寻找传说中通往印度的西北航道。虽然这项凶险的任务并未成功，被迫返回，但这位年仅15岁的勇敢、无畏又倔强的少年却经历了生死考验。当他在沿途的冰面上狩猎北极熊时，幸得冰面出现裂痕，才得以在紧要关头从熊口脱险，逃过一劫。

初生牛犊不怕虎。纳尔逊在驻扎在东印度群岛的“海马”号上服役期间，经历了人生首次实战。虽然那只是一次简短的射击交锋，但纳尔逊在战斗中仔细观察，积累经验。他的学习能力出众，对于海军战法十分敏锐，所以当他因患疟疾而退出部队后，他很受打击。在康复期间，纳尔逊与抑郁症展开了激烈的斗争。对于那些一心想要出人头地、证明自己价值的人来说，默默无闻地走向死亡十分残酷。但是纳尔逊自豪、乐观的精神最终战胜病魔，在爱国之情和新的决心的激励下，纳尔逊通过了海军上尉考试，再次扬帆启航，前往美国独立战争中的险要腹地。

彼时，年仅20岁的纳尔逊率领一艘护卫舰进攻西班牙的殖民地尼加拉瓜，这是他第一次指挥作战。此次行动大获成功，纳尔逊也因思维敏捷、行动勇敢而受到赞扬。然而，胜利的火焰不久就被熄灭。军中大批士兵染上热带病，死伤枕藉，连纳尔逊也不例外。1784年当他重返大海时，等待他的不是四海扬帆的豪情万丈，而是严格执行《航海法案》的恪尽职守。他因此树敌众多，孤独感再次袭来，使他深感沮丧与绝望。当他再度返乡时，他发现自己已不受亲戚待见，随后在长达五年中一直没找到就业机会。

即使被命运摧残得遍体鳞伤，纳尔逊依然没有轻言放弃。他与一位带着5岁儿子的寡妇法兰西斯·尼斯贝结婚，这让当时34岁的纳尔逊重新焕发了活力。与此同时，国际局势风云骤变，法国大革命爆发，路易十六被送上断头台。英国

纳尔逊麾下的海军日常

工作与战争

水手大多幼年便加入海军。不过，海军在战时还需增兵六万人，很多从未出过海的人也被征召入伍。所以，海军中大约20%的船员从事技术性工作，余者负责重体力任务。

餐食和饮品

舰上的餐饮良莠不齐，肉多是腌制后放在桶里储存，大部分食物也都干瘪无味。不过，水手每天饮食都很规律，每天还可以喝一加仑 啤酒，当然在舰上醉酒也是一个大问题。

纪律与处罚

海军与陆军一样，纪律严苛。舰上的规章制度又名《战争条款》，其中规定可对犯有叛变、叛国、擅离职守或鸡奸的士兵实行绞刑。相形之下，严厉批评和鞭笞只是较轻的处罚。

健康与卫生

一大群男人生活在拥挤潮湿的环境中难免患病。1810年皇家海军死者中，有一半不是在战场上阵亡，而是在舰上病死的；伤者也因医疗技术和环境受限只能截肢。一些报道曾指出，在战斗期间舰上的一个个盆里装满了被切割下来的残肢。

薪酬和福利

许多人迫于贫穷只能入伍出海，这样除了有年薪收入，还会按照军衔的等级获得不等的敌舰战利品，比如舰长获得其中的八分之三。不过，纳尔逊讨伐的舰队大多并不富裕，所以经常抱怨没有战利品。

---

① 1加仑（英制）约为4.546升。

海军再度召唤纳尔逊，并将装备64门炮的“阿伽门农”号交由他指挥。

上天终于垂青于纳尔逊。他在家有一位贤淑爱他的妻子，在外指挥着一艘快速强大的军舰和一群能干听话的船员，事业风生水起，逐渐在海军中崭露头角。就在此时，一名24岁法国炮兵军官也在所属部队中脱颖而出，日后成为纳尔逊的宿敌。二人在土伦港时曾有过首次交锋，此人就是拿破仑·波拿巴。

1797年，纳尔逊率舰赢得了圣文森特角海战和哥本哈根战役的胜利，虽然鲜为人知，但证明了他的能力。这也为他赢得了部下的认可，不仅因为他超群的能力，还因他大无畏的冒险精神，当然他也为此付出了右眼失明的代价。

战斗中的他很叛逆，经常无视撤军命令。比如在哥本哈根战役中，他用失明的眼睛观看望远镜，假装看不到撤退的命令。坚定的意志和乐观的精神也让他所向披靡。作为领导者，他深受士兵的爱戴与尊敬；但作为年轻人，他仍在追求荣耀和别人的肯定。纵使在海战中取得无数的胜利和表彰，纳尔逊仍然深受抑郁和自我怀疑的困扰，他注定要与之战斗到生命的最后一刻。

英法两国虽在1802年正式签署和平条约，但一年之后战端再开。纳尔逊奉命担任地中海舰队总司令，自此命运便与“胜利”号紧密相连。他负责封锁土伦，阻拦在港的法国舰队与在大西洋上西班牙港口加的斯和卡塔赫纳的西班牙舰队会合。英国人非常清楚，拿破仑的终极目标是入侵并毁灭英国，这便需要联合西班牙舰队控制英吉利海峡。而纳尔逊的任务便是挫败拿破仑的计划。

法国方面，由法国海军上将皮埃尔·维尔纳

▲ 这是一幅19世纪的画作，画中描绘了弥留之际的纳尔逊躺在哈代上尉的怀抱中，周围硝烟四起

夫肩负起指挥联合舰队的重担。在恶劣天气的掩护下，维尔纳夫突破了纳尔逊的埋伏，从土伦逃了出来。纳尔逊旋即追捕。维尔纳夫也没能实现预定计划，虽然率领法国舰队与一些舰船成功会合，但仍无法控制海峡，只得向南前往加的斯。

拿破仑对维尔纳夫的逃跑十分不满，谴责他行为懦弱，准备将他换掉。消息很快传到维尔纳夫耳中。他在判断附近没有能与他抗衡的英军后，毅然离开了港口。不幸的是，这是一个致命的误判。

此前在维尔纳夫驶向加的斯时，纳尔逊已经返航休整，并用25天完善战略。此时的拿破仑虽然利用“大军团”进攻奥地利时吃尽苦头，但仍认为从海上进军英国具有可能性。不过，纳尔逊作为他的终结者挺身而出。1805年9月15日，纳尔逊再次率领“胜利”号扬帆远航，并着力保持舰队的战斗状态。此时的维尔纳夫还不知道这位思虑周详的英军上将正在摩拳擦掌，请君入瓮。

当法西联合舰队在晨曦中缓缓抵达特拉法尔加角时，英国人开始了行动。他们兵分两路，一路由纳尔逊指挥，另一路由科林伍德指挥。纳尔逊在“胜利”号上命令中尉传令舰队全体：“英格兰期盼人人都能恪尽其责。”这不仅是总攻的信号，也是他的信条。他虽然好奇、鲁莽、精力充沛又性格多变，且冒险精神和对个人满足感的追求驱使他走到世界最遥远的地方，但正是责任感使他勇往直前。他也将这种面对恐惧和危险的责任感灌输给了部下。

士兵当然难免畏战。彼时的海战仍沿用传统战法：先由战舰首尾相接连成一线，再利用舷侧大炮齐向对方发起攻击。这也使参战的舰船得

▲ 在特拉法尔加海战中，纳尔逊身上佩戴的那块分外耀眼的勋章成了法国神枪手的靶子

纳尔逊的伤病

掌握战争主导权的纳尔逊却无法掌握健康的主导权，
一生饱受疾病困扰

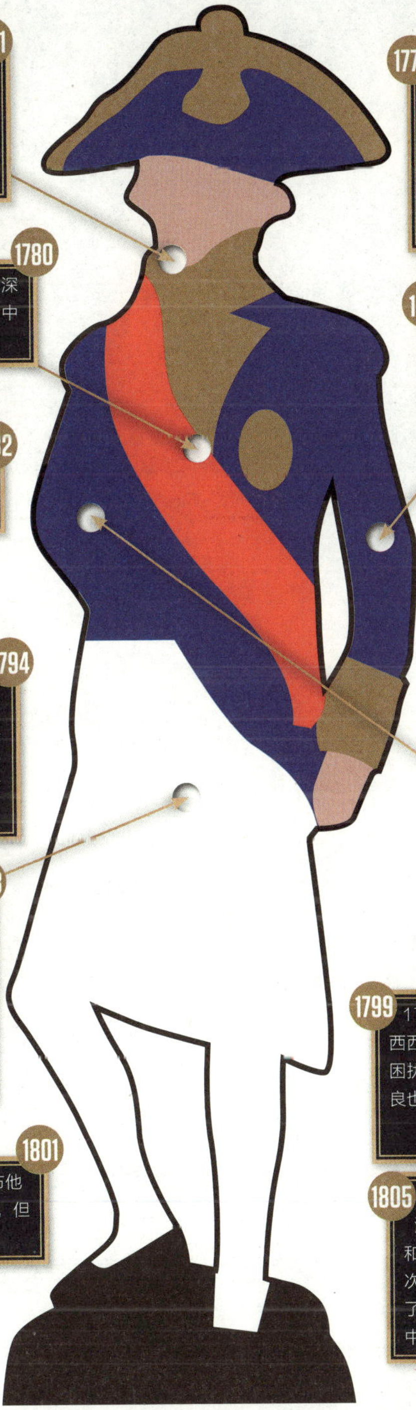

1771 1771年 刚刚加入海军的纳尔逊便与海军的恶梦——慢性晕船奋勇抗争，后来也一直受到各种小病的困扰。

1776 1776年 纳尔逊患上了无法根治的疟疾，第一次发病时差点儿要了他的命。但也正是在弥留之际他仿佛听到一个声音，告知他将成为英雄。

1780 1780年 纳尔逊在圣胡安深受痢疾、黄热病、胸痛、中毒之苦。

1781 1781年 纳尔逊在伦敦时抱怨他的左臂和左腿疼痛难忍，左手手指也发白、麻木、肿胀。

1782 1782年 纳尔逊患上坏血病。

1787 1787年 纳尔逊在西印度群岛返航途中因发烧病倒。舰上官兵担心他就此病逝，备好了存放遗体的朗姆酒桶。

1794 1794年 纳尔逊在巴斯蒂亚差点儿被一门大炮内掉落的大量灰尘砸死。几天后，他又被爆炸飞出的泥土和石头击中，导致右眼失明。

1797 1797年 纳尔逊的右肘上部被火枪击中。有人认为他必死无疑，但经过舰上外科医生的医治，他的前臂被截肢。半小时后，他又重返战场。

1798 1798年 纳尔逊在战斗中被流弹击中。人们再次认为他命不久矣，但他不顾伤口仍在流血，继续指挥作战。他在余生中一直被头痛所折磨。

1799 1799年 有报道称纳尔逊在西西里岛的巴勒莫受到心脏病困扰，抑郁症、头痛和消化不良也一并发作。

1801 1801年 纳尔逊再次宣布他因中暑和呕吐生命垂危，但不久便痊愈了。

1805 1805年 在特拉法尔加海战中，纳尔逊的肩膀和脊椎受到重击。他再次说道："我的时日不多了。"这一次不幸被他言中。

▲ 今天，英国皇家海军“胜利”号停靠在朴茨茅斯历史船坞的干船坞，供后人瞻仰

名“战列舰”或“线列舰”。但纳尔逊并没有按照常规套路出牌。他指挥舰队从西面出发，兵分两路，有如两把利刃，以精妙的角度切割敌方舰队。不过，如此一来自己也暴露在敌方威猛的舷侧大炮之下。但是，奇袭若能奏效，英国人可以杀出重围，那么便可将敌方舰队切割成三个孤立的部分。

霎时间，英国舰队分成两列长队，如利刃般冲向法西联合舰队。而法西联合舰队面对突如其来的战法列阵显得手足无措。当科林伍德冲破法西联合舰队的防线时，法国“热情”号冲向科林伍德的“皇家主权”号君权级战列舰，但无济于事。“皇家主权”号成功袭击了西班牙“圣安娜”号战列舰，导致该舰14门大炮遭到摧毁，400名船员丧生。

与此同时，纳尔逊率领“胜利”号冲向“可畏”号和法军旗舰“布森陶尔”号。一时间双方舰船短兵相接，“胜利”号撞向敌舰，展开近战。

在激烈危险的战斗中，纳尔逊身先士卒，拒绝置身安全距离之内，为了避免吸引敌方火力，他摘下衣上闪闪发光的荣誉之星勋章。此前，他已身经百战，多次与死神擦肩而过，此次征战特拉法尔加依然视死如归。他已经与亲朋好友道别，即便战死沙场，也要戴着勋章马革裹尸。

“可畏”号上的法军已瞄准射击“胜利”号上的英军。在纳尔逊中弹的几分钟前，旁边的士

特拉法尔加海战

1805 年 10 月 21 日

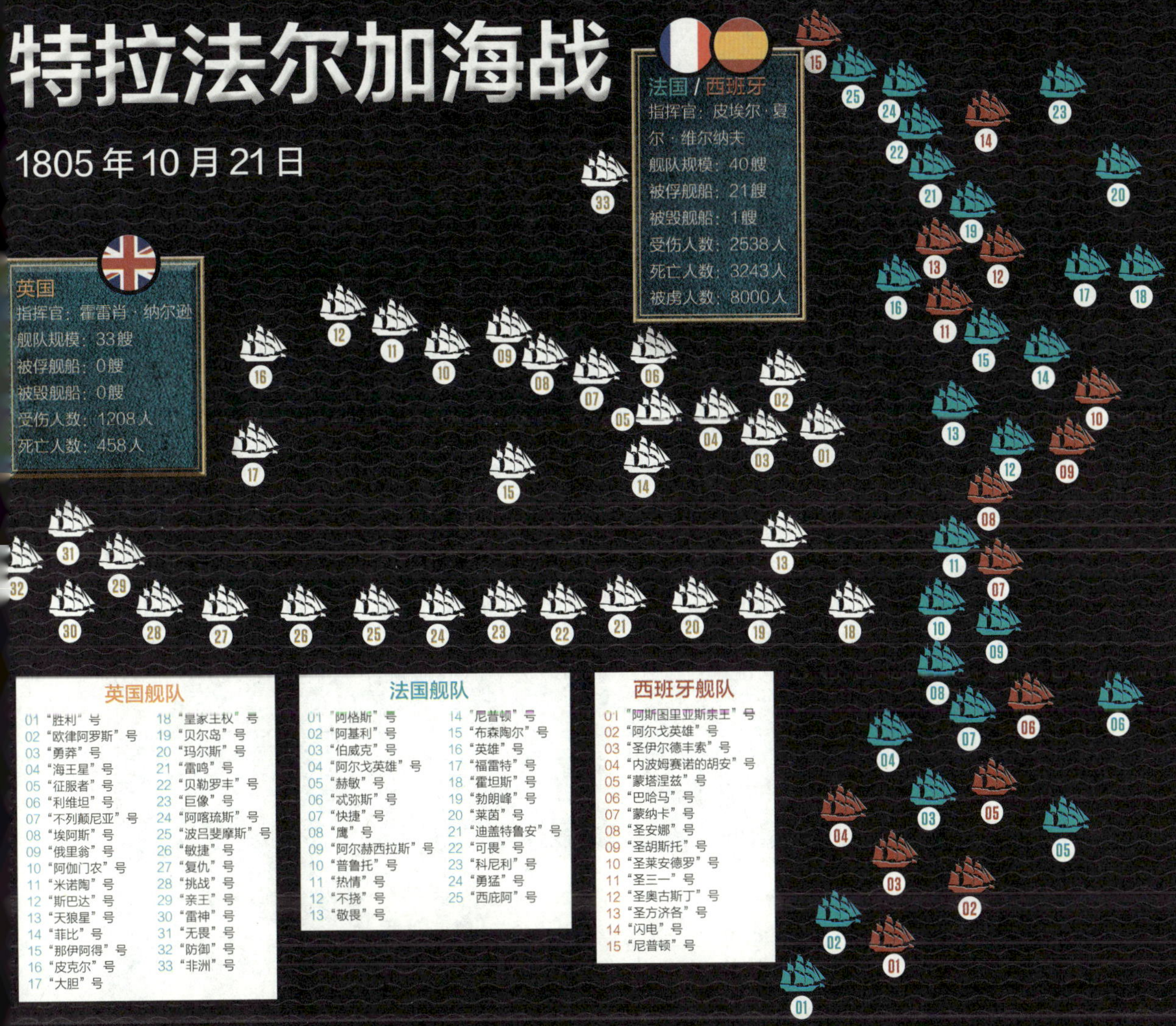

法国 / 西班牙

指挥官：皮埃尔·夏尔·维尔纳夫
舰队规模：40艘
被俘舰船：21艘
被毁舰船：1艘
受伤人数：2538人
死亡人数：3243人
被虏人数：8000人

英国

指挥官：霍雷肖·纳尔逊
舰队规模：33艘
被俘舰船：0艘
被毁舰船：0艘
受伤人数：1208人
死亡人数：458人

英国舰队

01 “胜利”号
02 “欧律阿罗斯”号
03 “勇莽”号
04 “海王星”号
05 “征服者”号
06 “利维坦”号
07 “不列颠尼亚”号
08 “埃阿斯”号
09 “俄里翁”号
10 “阿伽门农”号
11 “米诺陶”号
12 “斯巴达”号
13 “天狼星”号
14 “菲比”号
15 “那伊阿得”号
16 “皮克尔”号
17 “大胆”号
18 “皇家主权”号
19 “贝尔岛”号
20 “玛尔斯”号
21 “雷鸣”号
22 “贝勒罗丰”号
23 “巨像”号
24 “阿喀琉斯”号
25 “波吕斐摩斯”号
26 “敏捷”号
27 “复仇”号
28 “挑战”号
29 “亲王”号
30 “雷神”号
31 “无畏”号
32 “防御”号
33 “非洲”号

法国舰队

01 “阿格斯”号
02 “阿基利”号
03 “伯威克”号
04 “阿尔戈英雄”号
05 “赫敏”号
06 “忒弥斯”号
07 “快捷”号
08 “鹰”号
09 “阿尔赫西拉斯”号
10 “普鲁托”号
11 “热情”号
12 “不挠”号
13 “敬畏”号
14 “尼普顿”号
15 “布森陶尔”号
16 “英雄”号
17 “福雷特”号
18 “霍坦斯”号
19 “勃朗峰”号
20 “莱茵”号
21 “迪盖特鲁安”号
22 “可畏”号
23 “科尼利”号
24 “勇猛”号
25 “西庇阿”号

西班牙舰队

01 “阿斯图里亚斯亲王”号
02 “阿尔戈英雄”号
03 “圣伊尔德丰索”号
04 “内波姆赛诺的胡安”号
05 “蒙塔涅兹”号
06 “巴哈马”号
07 “蒙纳卡”号
08 “圣安娜”号
09 “圣胡斯托”号
10 “圣莱安德罗”号
11 “圣三一”号
12 “圣奥古斯丁”号
13 “圣方济各”号
14 “闪电”号
15 “尼普顿”号

纳尔逊的战法

海战一般遵循固定战法，但纳尔逊剑走偏锋，不按常规套路出牌，从而取得了具有决定性意义的胜利

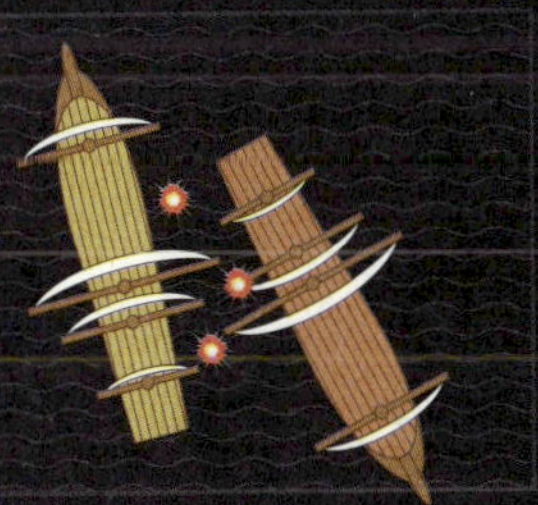

舷炮

战舰上所有的火炮都在舷侧。因此，舰长才会命令舰船侧身炮击敌舰。

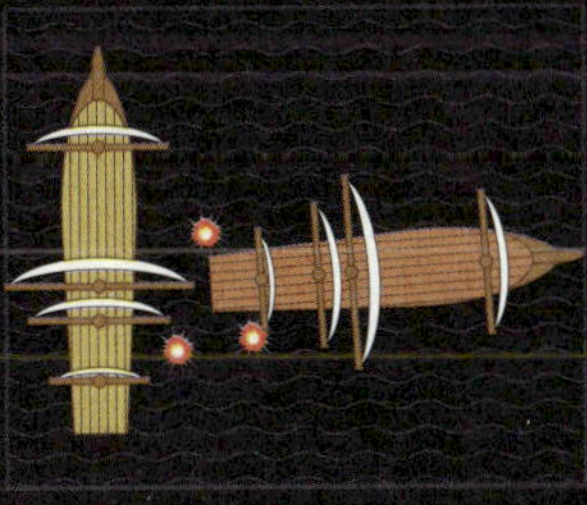

艉射

舷炮的杀伤力很大，但攻击时也将全部舰身暴露在敌舰的攻击范围内。所以，舷侧朝向敌舰的船艏或船艉更安全，这就意味着舰船可以以全舰最大火力开火，而敌舰则无法还击。这种战法被称为“艉射”。

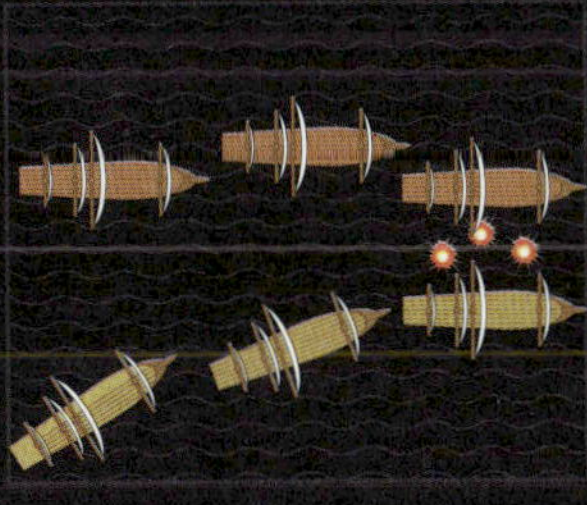

传统阵列

舰长通常会指挥舰船排成一条直线，用舷炮向敌舰发起毁灭性的攻击。这样两条平行行驶的舰船就可以轮流攻击敌舰。

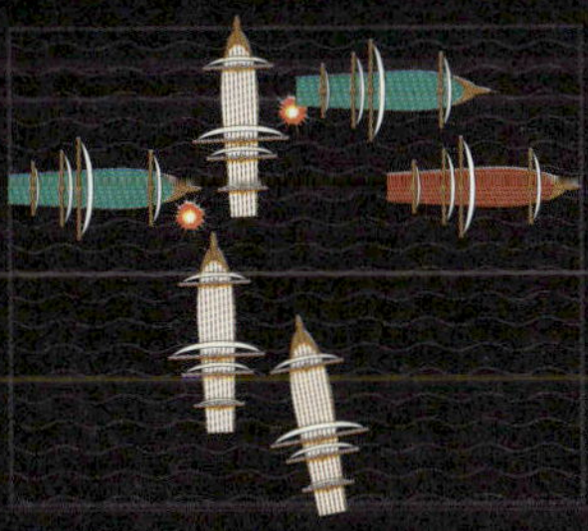

纳尔逊的妙计

在特拉法尔加海战中，纳尔逊剑走偏锋，选择用精妙的角度攻击敌方。英国舰队虽然在冲锋时受到敌方阻击，但最终还是将敌舰击沉。

纳尔逊的遗产

关于纳尔逊留给后世的遗产，我们采访了原英国国家海洋博物馆副馆长罗杰·奈特。他自2000年改行从教并开始写作，其最出名的著作有获奖作品《追求胜利：霍雷肖·纳尔逊的生活和成就》(2005)。这本传记于2015年被译成法文，成为19世纪以来法国首次翻译的纳尔逊英文传记。他还在2016年9月出版了一本关于纳尔逊的研究指南，该书被收入《康奈尔指南》系列丛书。

如今纳尔逊及其遗产还有多大影响力？

我们知道历史上人们对于纳尔逊及其遗产的评价潮起潮落，臧否不一。比如，维多利亚中期固执守旧的人们反对他与爱玛·汉密尔顿的关系，导致他悄然走下了民族英雄的神坛。但至19世纪末当英国海军遭到德国海军威胁时，人们对于建造更多战舰进行御敌的需求使其重拾纳尔逊的英雄传奇，也使纳尔逊再度成为时代的宠儿。

英国民众回想起纳尔逊带领皇家海军取得的决定性胜利，再度对皇家海军寄予厚望，期待他们能在第一次世界大战中碾压德军。英军在1916年第一次世界大战的英德日德兰海战中的表现令人失望，但在第二次世界大战期间英军受到纳尔逊的性格和战绩的极大鼓舞。

进入21世纪，英国皇家海军已不再是世界霸主或强大帝国，领土面积也缩小为20世纪中叶的几分之一。然而，纳尔逊至今仍然是英国第一流的民族英雄，世界各国海军仍在研究他的领导和管理方法，因为在他所处的时代，像他那样信任下属并下放权力，可谓标新立异。目前，历史学家已对英王乔治一世时代帆船海军的军官、海员和舰船有了更多的了解，在书写纳尔逊的胜利时也会更加考虑同时代其他人的作用及其他历史因素。

或许最为复杂的问题是英国人至今仍不忘纳尔逊作为抵抗法国拿破仑强权的民族英雄的身份。换言之，对于纳尔逊的记忆对英国与欧洲大陆的复杂关系产生了极大的影响。至今这仍是值得关注的议题。

▲“胜利”号两个舷侧各装有50门炮，船员们借此击败了法西联合舰队

▼在圣保罗大教堂举行的纳尔逊国葬大典上，被俘获的西班牙和法国两国的国旗也被高高挂起

▲ 伦敦市的中心竖立着纳尔逊的雕像，象征着永恒的纪念

兵已被炮弹炸成两半，但纳尔逊仍岿然不动。无论是出于自豪傲慢、虚张声势还是勇气可嘉，纳尔逊都选择留在甲板上。刚过下午1时，纳尔逊被步枪击中，重重地摔在甲板上，导致脊椎断裂，身负重伤。他被士兵抬下甲板，医生赶来检查后发现已无力回天。不过，纳尔逊仍在指挥士兵作战。

纳尔逊强忍疼痛，不断询问最新战况，得知英国舰队已经击毁了15艘法国舰船。纳尔逊的这一着险棋走对了，英军已胜利在望。当他还剩最后一口气时，主力舰舰长哈代亲吻了他的额头。纳尔逊在说完最后一句“现在我很满意。感谢上帝，我完成了自己的职责”后，便与世长辞。

长寿与安生从来不是纳尔逊的追求，他是大海的主宰者，是无畏的冒险家。当他驾鹤西去之际，耳边回荡的是战斗告捷的喜讯，他终于可以带着骄傲含笑九泉了。

纳尔逊因致命伤而没能亲眼看见战斗的高潮，3艘英国战舰合力击溃了法军旗舰“布森陶尔”号，维尔纳夫不得不无奈投降。联合舰队的其余舰船被周围的英国舰船撞出一个个大窟窿，拒绝投降的“阿基利”号被炸得粉碎。

战斗结束时，英国伤亡1666人，而法西联合舰队的伤亡及被虏人数接近14000人。法国和西班牙还损失了约22艘战舰，而英国则未失一船。拿破仑入侵英国的计划彻底宣告失败。

特拉法尔加海战的胜利使英国在随后十余年的战争中，乃至随后百余年的世界海军竞争格局中一直处于主导地位。不过，特拉法尔加海战的胜利无法冲淡英国人对纳尔逊壮烈殉国的哀思。纳尔逊生前便是民族的英雄；当他马革裹尸、荣归故里时，便成为民族的烈士。为了进行陆葬，纳尔逊的遗体被安放在朗姆酒桶中运送回国。英国为纳尔逊在圣保罗大教堂举行了盛大的国葬，他的肖像被雕刻成无数的雕像和纪念碑，无数的街道以他的名字命名；在精心的保养与呵护下，他的旗舰“胜利”号一直保存至今，从而使今人可以一睹这艘最古老的海军舰船的风采。

纳尔逊从一个体弱多病的男孩儿成长为英国历史上最伟大、最受爱戴的英雄，或许前无古人、后无来者。自豪、勇敢和责任感强的他至今仍是英国的重要精神象征，英国甚至在首都的中心立起大圆柱纪念碑，上面的纳尔逊形象高大，宛如神像。纳尔逊一直想证明自己，但也深受自我怀疑之苦。或许他和英国最大的成就并非打赢了海战，而是拥有战胜未知和恐惧的意志和勇气。

英国皇家海军“胜利”号

英国皇家海军“胜利”号因在特拉法尔加海战中的突出表现而名垂青史。今天它也成为后世回顾英王乔治三世时代英国海军的活化石

“胜利”号虽然因在特拉法尔加海战中的突出表现而闻名于世，但在纳尔逊接手之前早已身经百战。这艘顶级战舰于1759年建造，1765年下水。彼时英国的舰船通常小而快，相比之下这艘战舰却异常庞大，且装备了百门火炮（确切地说是104门）。“胜利”号先后参与了韦桑岛海战、直布罗陀大围攻和圣文森特角海战，之后又因纳尔逊备战特拉法尔加海战而得到改造。它注定比纳尔逊更加长寿，在特拉法尔加海战后又多次远征波罗的海，一直服役到1812年年底，随后永远地停靠在了朴茨茅斯。

桅杆
“胜利”号的桅杆由几根大木条制成，由铁环紧紧捆扎在一起。

规模
“胜利”号舰身全长为69.34米，最高航速可达8节至9节（约15千米/小时至17千米/小时），需要821名船员操控。

艏饰像
“胜利”号最初的艏饰像沉重、浮夸、花哨，不久便腐烂了。后来的艏饰像则更轻、更简洁、更实用。

火炮
“胜利”号最初拥有100门火炮，但在特拉法尔加海战之前增为104门。特拉法尔加海战中的炮弹重达15千克。

索具钢板
从帆船的舷侧突出承扣索具的钢板，防止索具在战斗中干扰火炮。

彼时英国的舰船通常小而快，相比之下这艘战舰却异常庞大。

重中之重

“胜利”号的改造重点在于减轻重量和提高速度，所以舰体材料由橡木改为仅一半重的杉木。

粉刷

1800年至1803年，“胜利”号进行了大规模的维修，船体也被涂上了标志性的黑色和黄色条纹。后来这种色彩搭配为所有皇家海军军舰所采用。

炮台

“胜利”号的火炮甲板上装备了32磅（14.5千克）火炮，这不仅比以前的42磅（19千克）的火药用量少，而且更轻、更快、更容易装载。

怒海争锋

20世纪见证了无畏舰的异军突起、激烈的军备竞赛，
以及惨烈的海上对决

B-24“解放者”轰炸机在大西洋战役中成功击沉了70多艘U型潜艇。

“一战”前的军备竞赛

随着1902年英日两国签署《英日同盟协定》，英国结束了踽踽独行的时代，也为另一个动荡多极的时代拉开了序幕

▲ 无敌级战列巡洋舰中的“无畏”号装备了大型火力

无敌级战列巡洋舰

随着军备竞赛日益激烈，英国皇家海军研发出具有革命意义的“战列巡洋舰”

委托建造时间： 1908年

国家： 英国

1908年，德意志帝国通过对《1900年德国海军法》的第二个修正案，计划扩充公海舰队。英国方面作为回应，由海军第一海务大臣约翰·杰基·费舍尔男爵负责改造“无畏”号战列舰，为皇家海军引入第二个革命性武器——“战列巡洋舰”。这种舰船速度与装甲巡洋舰一样快，装备与战列舰一样精良，具有极大的杀伤力。

理查德·伯顿·霍尔丹

英国陆军大臣担心德国武力回击“无畏”号，于是前往德国展开紧急磋商

活跃年份： 1905—1912年

国家： 英国

为促成英德和谈，理查德·伯顿·霍尔丹定期与威廉姆大帝会谈。1912年，霍尔丹前往德国，将和谈推向了高潮。谈判持续四天之久，但以失败告终，德国决定扩充海军。幸好霍尔丹在任期间对英国军队进行了全方位的改革，为战争做了充分准备。

▲ 霍尔丹一边压制德国称霸的野心，一边确保英国军队做好了万全的准备

阿尔弗雷德·冯·提尔皮茨

这位狂热好战的德国公海舰队总司令改变了德国在海上的地位

活跃年份： 1897—1916年

国家： 德国

如果提尔皮茨没在1898—1912年颁布五条海军法扩大德国海军规模，那么英德海军军备竞赛的结果将截然不同。提尔皮茨首先扩充德国军队，而后大刀阔斧地进行改革。正是因为他的坚持，德国才有实力挑战英国的统治地位。足智多谋的提尔皮茨大大推动了军队的变革与进步，明确指出英国是目前的首要劲敌。

拿骚级战列舰

德国公海舰队的无畏舰首次出海

▲ 德国得知英国改进“无畏”号后，作为回应，开始打造一支具有更坚实装甲的舰队

委托建造时间： 1910年

国家： 德国

为了对抗英国的“无畏”号，德国建造了4艘拿骚级战列舰。这种舰船虽然装备口径更小的11英寸（28厘米）火炮，但炮塔的布列与“无畏”号一致，即8门火炮攻击船艏和船艉，6门火炮攻击舷侧。

► 提尔皮茨的改革促进了德国进入海军扩张的新时代

▲ 潜艇战登上历史的舞台，自此海战从水面拓展至水下

超无畏级战列舰
——“伊丽莎白女王”号

燃油巨舰“伊丽莎白女王”号是第一艘“快速战列舰”

服役时间： 1914年

国家： 英国

为了匹敌动力和速度俱增的无畏舰，“快速战列舰”应运而生。第一艘快速战列舰“伊丽莎白女王”号在舰体中线上装配了8门15英寸（38厘米）的火炮。舰上共有四个炮塔，第五个炮塔改为燃油动力的涡轮机。

U-31型潜艇

猎捕无畏舰的隐形杀手

服役时间： 1914年

国家： 德国

虽然英国的战列舰和战列巡洋舰比德国更胜一筹，但1914年德国发明了第一艘柴油动力U-31型潜艇，可航行12553千米。在英国战前的年度演习中，两艘伪装成英方的潜艇曾用鱼雷击沉了3艘战舰。可以说，潜艇的问世扭转了战局，英国皇家海军将领们为此深感恐慌。

潜艇的问世扭转了战局，英国皇家海军将领们为此深感恐慌。

国王级战列舰

德国舰船将超射炮塔装备在舰体中线上

服役时间： 1914年

国家： 德国

4艘国王级战列舰在舰体中线上装备了10门12英寸（30厘米）火炮、五座以超射布局的炮塔，从而使射程更为宽阔。国王级战列舰采用了最新的防御技术，战舰会在军火库着火时用水灭火，并在撤退前装载成吨的水。

▲ 英德两国视舰队如珍宝，海军上将们深恐其受损

“一战”前的军备竞赛

关于英德关系的 5 个事实

海军军备竞赛　最大的骗局

1910年，狡黠的英国人霍勒斯·德·维尔·科尔欺骗了皇家海军，带领一队“阿比西尼亚王室成员”视察了“无畏”号。而这些“皇室成员”其实是五名“布卢姆斯伯里”恶作剧团体成员假扮的。

U-29 的撞击

1915年3月，“无畏”号在苏格兰的彭特兰湾击沉了德国海军U-29号潜艇，成为第一次世界大战中唯一一艘击沉潜艇的战列舰。

“阿金库尔”号是第一次世界大战中吨位最大的无畏舰

“阿金库尔”号的七个炮塔中装备了14门12英寸（30厘米）的火炮，合计重达30250吨，是第一次世界大战中吨位最大的无畏舰。

战列巡洋舰的致命缺陷

在日德兰战役中，“无敌”号上的一个炮塔起火，由于弹药处理装置设计拙劣，熊熊大火蔓延到无烟火药，导致“无敌”号和另外两艘战列巡洋舰被当场炸沉。

最后的无畏舰

1912年下水的“得克萨斯”号战舰曾在诺曼底登陆、硫黄岛和冲绳服役。这艘唯一幸存的无畏舰作为得克萨斯州休斯敦的浮动博物馆保留至今。

海军技术

“无畏”号战列舰及其后辈舰船依靠蒸汽涡轮驱动，装备了大炮，堪称20世纪战列舰的原型

1904年，海洋局势紧张，深谋远虑的英国海军第一海务大臣约翰·杰基·费舍尔男爵实施建造装备12英寸（30厘米）远程火炮的“无畏”号。这是一艘由金属和机械打造、依靠蒸汽涡轮驱动的新型强大战舰，拥有外部装甲和内部舱壁作为防御。

克虏伯渗碳钢装甲

产地：德国

1911年下水的德国凯撒级战列舰采用了金属合金装甲，可以在长期战斗中不易裂纹。战舰上核心区域装配了近4英寸（10厘米）厚的装甲，舰腰还装备了14英寸（36厘米）的“装甲带”和“鱼雷舱壁”双重内层保护。

▲ 明信片上的德国凯撒级战列舰在1919年被德军自行凿沉，以免落入英国之手

▲ 没有强大火力的战舰只是一只静卧水面的鸭子。英德两个海军大国深谙其中厉害，都以迅雷不及掩耳之速研制了更庞大、更威猛的火炮

BL12英寸X型舰炮

产地：英国

“无畏”号的火力主要依靠10门12英寸（30厘米）火炮，射程可达23千米。这些火炮分别安装在五个动力炮塔中：一个位于舰艏，一个位于舰艉，一个位于舰上的中线，剩下两个分别位于上层装甲两侧的船舱中。

▲ 经过两次改装的“伊丽莎白女王”号在“二战”中继续服役

燃油锅炉

产地：英国

“无畏”号的燃煤锅炉排出滚滚浓烟。1913年下水的“伊丽莎白女王”号新式超无畏级战列舰则改为燃油驱动。燃油燃烧时无需加煤，烟雾较少。时任英国海军大臣的温斯顿·丘吉尔负责保障先进的“伊丽莎白女王”号正常运转。

超射炮塔

国家：美国

美国“南卡罗来纳”号战列舰于1910年下水，舰上的两个炮塔上下分布，且上面的靠后，构成超射炮塔。这一设计使射击区域被压缩到一个很小的空间，对于敌舰而言目标也更小。不过，设计者担心一个炮塔产生的冲击波可能会损毁另一个。英德两国都为这一创意所震撼，随后便将其应用于猎户座级战列舰和凯撒级战列舰。

▲ 英德两国战舰都应用了美国的超射炮塔技术

帕森斯直接传动式汽轮机

国家：英国

1884年，英国人查尔斯·帕森斯发明了蒸汽涡轮机，从而帮助海军实现了高速远程巡航。“无畏”号上装配的两对帕森斯直接传动式汽轮机由18台巴布科克—威尔考克斯水管锅炉驱动，由三叶螺旋桨带动两个轴转动运作，最高时速可达21.6节（40千米/小时）。

▲ 帕森斯涡轮机为庞大的舰艇供应廉价且充足的动力，海战由此发生了翻天覆地的变化

装备12英寸（30厘米）远程火炮的“无畏”号是一艘由金属和机械打造、依靠蒸汽涡轮驱动的新型强大战舰，拥有外部装甲和内部舱壁作为防御。

“无畏”号战列舰

“无畏”号战列舰是同时代战舰的标杆，为海军军备竞赛注入新的活力，在第一次世界大战前加剧了英德之间的紧张关系

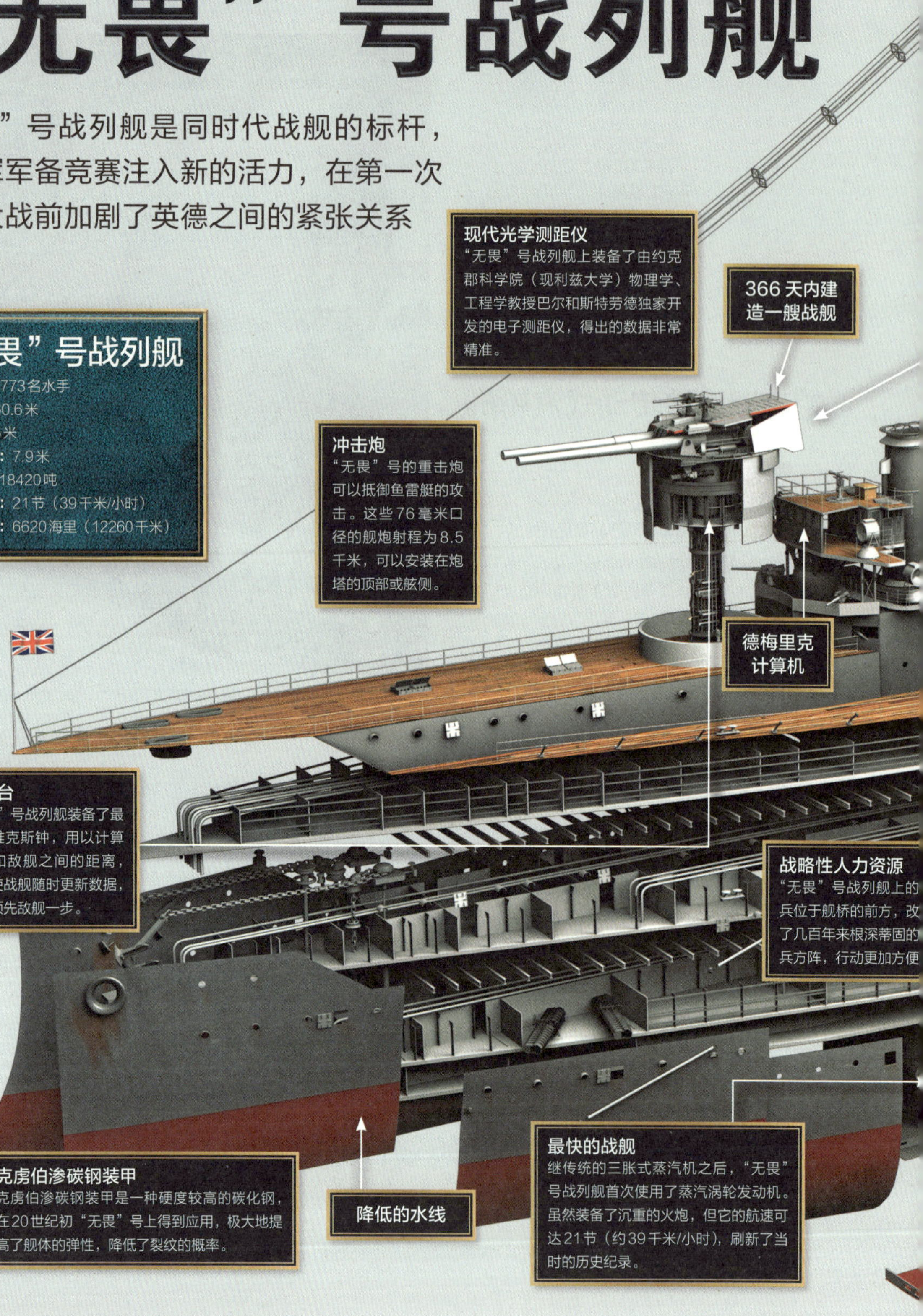

“无畏”号战列舰

舰上共有773名水手

长度：160.6米

宽度：25米

吃水深度：7.9米

排水量：18420吨

最快航速：21节（39千米/小时）

连续航程：6620海里（12260千米）

现代光学测距仪

“无畏”号战列舰上装备了由约克郡科学学院（现利兹大学）物理学、工程学教授巴尔和斯特劳德独家开发的电子测距仪，得出的数据非常精准。

366天内建造一艘战舰

冲击炮

“无畏”号的重击炮可以抵御鱼雷艇的攻击。这些76毫米口径的舰炮射程为8.5千米，可以安装在炮塔的顶部或舷侧。

德梅里克计算机

发射台

“无畏”号战列舰装备了最新的维克斯钟，用以计算战舰和敌舰之间的距离，从而使战舰随时更新数据，始终领先敌舰一步。

战略性人力资源

“无畏”号战列舰上的兵位于舰桥的前方，改了几百年来根深蒂固的兵方阵，行动更加方便

克虏伯渗碳钢装甲

克虏伯渗碳钢装甲是一种硬度较高的碳化钢，在20世纪初“无畏”号上得到应用，极大地提高了舰体的弹性，降低了裂纹的概率。

降低的水线

最快的战舰

继传统的三胀式蒸汽机之后，“无畏”号战列舰首次使用了蒸汽涡轮发动机。虽然装备了沉重的火炮，但它的航速可达21节（约39千米/小时），刷新了当时的历史纪录。

英国建造了第一艘采用新式武器、电子测距武器系统和先进速度技术的真正现代化战舰——“无畏”号战列舰。

攻击火力

火力威猛的“无畏”号令人闻风丧胆。舰上装备了五个12英寸（30厘米）的双炮塔，射程长达23千米，在战斗中立下了汗马功劳。

顶级火炮控制

不同口径的炮弹会产生不同的喷射效果，海军士兵需要在战斗中依据口径调整炮弹，但使用统一的12英寸（30厘米）火炮弹道就可以省去此环节。

防火门

“无畏”号战列舰随后的一大改进是拆除了甲板下方舱室之间的纵向通道，并借鉴潜艇的经验，将舰上的连接门保持关闭状态，以免火势蔓延和进水。

燃料供给

满负荷的“无畏”号能以19千米/小时的速度航行6620海里（12260千米）。舰上运载的2914吨煤和1140吨燃油可以提高燃烧率。

“无畏”号战列舰的历史地位

作为英国皇家海军的象征，“无畏”号战列舰开启了战舰发展的新时代。“无畏”号虽然并非第一艘投入生产的“大舰巨炮主义”战舰（1904年日本建造了“萨摩”号战列舰，但最终以失败告终），但它的设计仍在海军世界产生了深远影响。

德国万万不会想到在挑战英国公海霸权后，英国建造了第一艘采用新式武器、电子测距武器系统和先进速度技术的真正现代化战舰——“无畏”号战列舰。

“无畏”号虽然从未击沉过任何战舰，但其在海上和历史上的标志性地位不可撼动。

正面交锋

英国皇家海军对战德国海军，彼时最强的两支海军争夺海上霸权

▲1909年，英国本土舰队和大西洋舰队战列舰在斯皮特黑德海峡列队，接受英国国王的检阅。

英国强权统治下的和平时代大势已去

尽管直到19世纪末期，英国一直是世界上技术最先进的国家，但这个帝国也因其遍布全球的军队，背负着沉重的财政和军事负担。不过，英国海军力量仍然非常强大。德国统一后，英国出于对德国新兴工业实力的警惕，开始巩固海上霸主地位，加大了对海军的投入。在英国民众的支持与呼吁下，英国开始大造舰船，踏上一条再度称霸海洋之路。

皇家海军

舰船

德国海军已经实力雄厚，但在这场军备竞赛中，英国“大舰队”以其强大的规模和实力力压德国。

领导者

理查德·伯顿·霍尔丹是处理这场英德之争的主要参与者之一，但他既没能改善英德关系，也不敌德国公海舰队总司令阿尔弗雷德·冯·提尔皮茨，没能在交易和协议中占到便宜。

人力

一些档案显示英国水手都是精心选拔而来，但实际上他们是常年海上作战培养出的大批经验丰富的水手。

港口

英国拥有得天独厚的海战优势，从利物浦、朴茨茅斯到奥克尼群岛的斯卡帕湾，这片区域众多的港口都归英国所用。

盟军

法国海军和俄国海军作为英军盟友，分别在地中海海战和波罗的海海战中发挥了至关重要的作用。美国与英国结盟时间太晚，没能帮上大忙。

评级

★★★

◄“皇家橡树”号是“一战”期间建造的5艘复仇级战列舰之一

▼1912年，时任英国陆军大臣理查德·伯顿·霍尔丹访问柏林，试图就制止军备进一步升级与德国达成一致

▲ 这幅油画创作于1913年，画中将德皇凯撒·威廉描绘成一位海军上将

德意志帝国海军

出于对被围困的恐惧和与世界强国竞争的渴望，德国迫不及待地希望增强军事力量。俾斯麦时代结束后，德皇凯撒·威廉开始倡导世界政治理想，认为打造一支无所不能的公海舰队是实现帝国宏伟抱负的最佳途径。英、法、俄等国对此感到十分错愕，毕竟当时德国才立国不到50年。各国只好被迫做出回应。

德意志帝国海军

舰船

英国以逸待劳，以其得天独厚的地理优势为军事发展奠定了基础。相对而言，德国为了实现宏图之志只能付出更多的努力。

领导者

在英德对决中，德国一直牵着英国的鼻子走，提尔皮茨和比洛等德国首脑也对英国人提出的缩小德国舰队规模的要求见招拆招。

人力

德意志帝国海军只研究在大西洋的作战方案，这样精准训练后的效果比英国好。

港口

虽然德国拥有如基尔港、汉堡港和威廉港等规模较大的港口，但单纯从数量上来说，无法与英国抗衡。

盟国

德国的同盟国有奥匈帝国和奥斯曼帝国。不过，奥匈帝国是一个内陆国家，而奥斯曼帝国的军事实力又大不如前。综合而言，两国的海军力量较为薄弱。

评级

★★★

▲ 和平谈判时代随着俾斯麦的退位走向了终结，海军军备竞赛就此登上了历史的舞台。

◄ 1900—1909年，伯恩哈德·冯·比洛出任德意志帝国首相

▼ 奥匈帝国“王储”号是“一战”中4艘国王级战列舰之一

出于对被围困的恐惧和与世界强国竞争的渴望，德国迫不及待地希望增强军事力量。

日德兰海战

1916年5月31日，英德海军在北海交锋

1916年年初，英国皇家海军继续封锁德国海军，刚上任的德国海军上将莱茵哈特·冯·舍尔命令德军冲破英军的包围。数月来，疲于应付德军的英军最终决定向德国公海舰队开战。

日德兰海军

这场“一战”的关键海战中英德两军的实力对比

	英国大舰队	德国公海舰队
无畏舰	28	16
装甲炮塔战舰	0	6
战列巡洋舰	9	5
轻型巡洋舰	26	11
驱逐舰	77	61
装甲巡洋舰	8	0
水上飞机母舰	1	0
布雷舰艇	1	0

赢了，但又没完全赢

几个月以来，英国疲于应战德国舰船，于是决定主动出击。

骄傲自满的英德两国都无法接受战舰沉没的事实。一方面，虽然德国海军损失的舰船和人员较少，但德军的撤退意味着英国皇家海军控制北海已经成为不争的事实。另一方面，英国尽管赢得了战争的胜利，但既非特拉法尔加海战那样的大捷，也没能逆转战争的局势，与预期结果相差甚远，结局令人失望。

丘吉尔痛斥英国海军上将约翰·杰利科本可以在日德兰海战中一举歼灭德国海军，但因畏惧受到德军鱼雷袭击而改用之前的策略和战术，延误战机。不过，不久之后，随着军备竞赛结束，战舰在海战中的角色发生改变，潜艇和航空母舰登上了历史舞台。

▲ 德军在无畏舰毫发无损的前提下，在日德兰岛击沉了3艘英国战列巡洋舰和8艘驱逐舰

向南进击

英国大舰队向东挺进，与德国公海舰队对决。英国海军上将戴维·贝蒂率领的战列巡洋舰先于主舰队离开奥克尼群岛基地，准备率先出击。当德国舰队发现英国舰队后，德军侦察分舰队指挥官弗兰茨·冯·希佩尔率领一个小分队引诱英国舰队继续向南航行。当贝蒂的小分队中计冲向舍尔率领的德军主舰队时，战斗的主动权来到了德军手中。

向北进击

贝蒂率领舰队掉头，与隐约闪现在雾霭中的英军主舰队会合。希佩尔旋即命令德国舰队北上，而杰利科也命令英国主舰队加入战斗。杰利科向南进击，还没等德军识破英军的陷阱，就切断了德军之间的联系。随后，两军互相攻击，德军伤亡惨重，“吕佐夫”号德意志级战列舰被击沉，“塞德利茨”号战列巡洋舰和“德弗林格尔”号战列巡洋舰严重受损，这也为英国“不倦”号战列巡洋舰报了仇。

战术性撤退

经验丰富的舍尔指挥轻型巡洋舰掩护德国舰队全部撤离，始终处于英国皇家海军的射程之外。随着夜幕降临，战斗也因晦暗模糊的光线而变得举步维艰，进入尾声。

开战第一炮

下午3点38分，德军打响了战斗的第一炮。英军“狮”号战列巡洋舰、“皇家公主”号巡洋舰和“虎”号战列巡洋舰受损严重。而英军则炮击了“冯·德·坦恩”号战列巡洋舰和“莫尔特克”号战列巡洋舰，但英军亦伤亡不轻，英国“不倦”号战列巡洋舰最先殒命，仅有两名船员幸存。英军切斯特巡洋舰也遭到德国轻型巡洋舰的伏击，直至第三战列巡洋舰分舰队及时赶到增援，才得以突围。

突破防线

英国方面，虽然“玛丽女王”号战列巡洋舰和“无敌”号战列巡洋舰都已沉入海中，但因大舰队的阵列更加紧凑，所处位置更有优势，可以突破德军松散的防线。舍尔率领的德军为了躲避轰炸，想要穿过杰利科的英军主舰队，逃往波罗的海。但是英国舰队已经预判了德国舰队的行动，命令仅存的27艘舰船全力出击，迫使德军全面撤退，行动就此失败。

不尽如人意的结局

舍尔率领军队再次掉头迎战英军，但杰利科因忌惮潜艇而未给予致命一击。入夜后，两国的轻型巡洋舰和驱逐舰仍在战斗。直至随后两国海军分别回到了威廉港和斯卡帕湾，日德兰海战就此不明不白地结束。

日德兰海战巩固了英国海军的霸权地位，影响深远

英国建造的战舰相较于德国又快又多，所以日德兰海战早在开始之前，胜败已成定局。

称霸海上的战舰

对于战列舰称霸海洋的诸多问题，我们请教了英国皇家海军国家博物馆遗产开发部门的负责人尼克·休伊特

问：在无畏级战列舰下水之前，海上的主力战舰有哪些？

答：装甲炮塔战舰既是战斗的主力军，也是当时衡量各国财力的“硬通货”，堪比今天的核武器。如今，人们误称它们为“前弩级战舰”，这种叫法未免太过笼统简单。无畏级战列舰正是在之前舰船的基础上改造而成。

问：无畏级战列舰的主要特点是？

答：无畏级战列舰有两大创新之处：配备了提高航速的涡轮发动机，改良了主要的攻击武器——12英寸（30厘米）的大炮。这也是无畏级战列舰比其他战列舰更快更好的原因。

问：英德海军军备竞赛的起因？

答：1898年，德国颁布了第一部海军法，英国也紧随其后，自此英德两国便开始了海军军备竞赛。其起始原因非常复杂，但本质上是德皇威廉二世和海军上将提尔皮茨认为，德国为了维护世界大国的名誉，应该打造一支强大的舰队。但是，德国严重低估了挑战海上霸主英国的后果。要言之，英国凭借海上霸主的地位成了全球贸易帝国，自然不会将海权让给实力相对较弱的德国。无畏级战列舰的问世仿佛使英德两国的海军发展一夜间回到了原点，两国必须进一步建造舰船。英国建造的战舰相较于德国又快又多，所以日德兰海战早在开始之前，胜败已成定局。

▲ 无畏级战列舰配备了五对12英寸（30厘米）的大炮

问：其他国家参战的比重？

答：大多数国家在同时建造战船和无畏级战列舰。事实上，日本和美国建造的战舰非常相像，但舰队规模截然不同；后来两国还帮助南美各国建造了无畏级战列舰。

问：何为彼时最好的无畏级战列舰？

答：在我看来，英国皇家海军的“伊丽莎白女王”号超无畏级战舰可算是战舰之王，在第二次世界大战期间，全部5艘“伊丽莎白女王”级战列舰都表现得十分出色。

问：各国开展大规模军备竞赛的资金来源？

答：建造舰船的费用来自税收。英国是当时唯一的超级大国，完全可以承担建造费用。当时民众也对增加国防开支表示热烈且广泛的支持，“要造8艘，不能等候”（We want eight and we won't wait）的流行口号就是在呼吁国家建造更多的无畏级战列舰。不知道你是否感到一丝惊讶。

问：无畏级战列舰在日德兰海战和整个战争中的表现如何？

答：无畏级战列舰在日德兰和其他地方表现都非常好。事实上，在第一次世界大战期间无畏级战列舰中只有“大胆”号被布雷击沉。英国海军第一海务大臣约翰·杰基·费舍尔的另一个标志性战舰是快速、装备精良但装甲薄弱的战列巡洋舰。它的表现一般，其中3艘在日德兰海战中爆炸，而后沉于海底，人员伤亡堪称灾难。

问：第一次世界大战期间，英国皇家海军就封锁德国做了哪些举措？

答：鱼雷艇、潜艇和水雷等新式武器问世之后，英国皇家海军无法再像对付拿破仑时期的法国人那样在敌人港口外实施严密封锁。所以他们决定在奥克尼群岛的斯卡帕湾对德国进行“远距离封锁”。德国舰队基本上是被英国软禁了起来，可以驶入北海，但不能进行贸易往来。

问：假想德军在日德兰海战中取胜，会有什么结果？

答：我认为德军无法取得日德兰海战的胜利，但如若真的赢了，他们就可以打破英国的封锁，拉长（甚至可能赢得）战争。人们渐渐忘了日德兰海战其实改变了第一次世界大战的进程。

问：超无畏级战舰是否很快被淘汰？

答：自20世纪30年代和40年代到第二次世界大战结束前，更先进的战舰逐渐取代了超无畏级战舰。然而，在第二次世界大战结束之前，英国、美国、法国、意大利和日本海军仍在使用第一次世界大战期间的超无畏级战舰。

问：第二次世界大战之前，英德两国开展军备竞赛的情况如何？

答：在德国纳粹建造新式战舰后，英国也做了回应。但这并非真正的军备竞赛，因为德国海军永远无法与英国海军匹敌。第三帝国从未像重视陆军那样重视海军的发展。第二次世界大战开始时，德国的舰队规模比英国小得多，但不得不承认其中一些确实很先进威猛。

狩猎 U 型潜艇

盟军想在大西洋上御敌制胜，只能智取

尼克·索尔丁格（Nick Soldinger）

一切仿佛命中注定，此时一场风暴来势汹汹，运输船队燃料不足，只能沿着既定路线继续前进，直接闯入了U型潜艇的杀戮场。

德国潜艇部队司令邓尼茨利用狼群战术在海上称霸多年，直到遇到了盟军空军……

1941年8月30日，由60多艘航速缓慢的商船组成的英加SC-42护航运输船队从加拿大新斯科舍出发驶往英国。一同出发的还有加拿大皇家海军的4艘军舰，为其担任护航任务。前方4500千米处的汪洋大海风大浪高，冰冷刺骨，浪花直跃塔楼，拍在船身后很快便变成冰块，预示着航程前路凶险。

此次航程确实十分漫长，运输船队需要至少两周半才能抵达目的地。相较于恶劣的自然环境，人为的危险更加致命。缓慢的运输船队驶离港口后不久就从英国情报部门获悉，一支规模不小的德国U型潜艇部队正在格陵兰岛海岸附近徘徊。一般而言，运输船队为防落入敌人之口，在收到消息后会改变航线，但这次是个例外。

一切仿佛命中注定，此时一场风暴来势汹汹，运输船队燃料不足，只能沿着既定路线继续前进，直接闯入了U型潜艇的杀戮场。

1940年，希特勒在不列颠之战后，虽有犹豫，但最终决定封锁英国。自此，英伦三岛在与纳粹德国交战的两年里，一直遭到德国海军的封锁，无法与欧洲大陆往来，只能依靠盟友加拿大提供补给。此时的英国几经空袭，海上物资已近枯竭，急需SC-42护航运输船队运送补给。但天不逢时，运输船队永远都无法到达英国。

希特勒此次委派海军上将卡尔·邓尼茨切断英国的粮食补给线。邓尼茨在第一次世界大战中就已担任U型潜艇指挥官，作战经验十分丰富，是一位杰出的战术家，深受士兵尊重。但他在战斗中冷酷无情，特别是控制欲极强。这使他得以主宰U型潜艇，也使他在大西洋之战中付出惨痛的代价。

1941年秋，U型潜艇依然是海中霸王，邓尼茨显然赢得了战斗的胜利。他主宰的U型潜艇几乎每月都会击沉盟军近15万吨的舰船，而SC-42运输船队也在启航十天后落入德军的虎口。

9月9日凌晨，U型潜艇在黑夜中浮出水面，以便既能紧跟运输船队，又能避免被英加军舰上的水下声呐设备发现。就这样，U型潜艇最先击沉了英国货轮“斯普林巴克帝国”号，船上39名船员全部遇难。翌日晚，在夜幕降临后，U型潜艇再次出击，击沉了“穆内瑞克”号蒸汽船，63名船员无人生还。

几小时后，另一艘蒸汽船“巴伦·彭特兰”号也受损严重，船员只能弃船。随后三小时内，又有3艘船相继沉没。战斗一直持续了八天八夜。SC-42船队截止到逃脱邓尼茨的魔爪前，已有16艘船沉没，200多人丧生，损失了数千吨重要的物资。而邓尼茨则坐镇于法国布列塔尼的潜艇基地，仅用图表和加密的无线电信号便策划并实施了这场屠杀，口中还在享受着当地优质的葡萄酒。然而，这位纳粹上将并未意识到，这将是他最后一次享受如此快感。

水下战争

日益成熟的技术是夺取水下对决胜利的关键因素

第二次世界大战期间，英德两国为争夺大西洋航道的控制权大打出手，而技术是制胜的关键。自数千年前人类首次进行有组织的战斗以来，胜利者大多是拥有技术优势的一方。德国海军备战多年，又有战略家邓尼茨的指挥，仿佛早已将胜利的果实收入囊中。但在英国及其盟友加拿大和后来的美国对U型潜艇发起反击之后，德国最终的败局可想而知。

邓尼茨信奉自上而下的指挥结构，从1940年夏起就在法国西部洛里昂的作战室里策划并对德军与SC-42运输船队作战的每个步骤发号施令。他的这种偏执最终扩大了泄密的危害性。虽然邓尼茨在遥控指挥U型潜艇时使用了密码，但1941年密码被盟军破解，德国U型潜艇在劫难逃，并最终被盟军新式探测设备和特制武器一举歼灭。

▲ 冲撞U型潜艇是盟军海军的一种战术，但往往杀敌一千，自损八百

▲ 盟军战舰侧面发射的深水炸弹在水下爆炸，产生的冲击波击碎了U型潜艇的外壳

卡特琳娜水上飞机
轻型护卫舰
轻型护卫舰生产成本低，又可对抗U型潜艇，被丘吉尔戏称为“便宜货”。捕鲸船的引擎被认为是追捕潜艇的理想之选，所以轻型护卫舰以捕鲸船为原型，同时装配了4英寸（10厘米）大炮和深水炸弹攻击潜艇。轻型护卫舰也得到规模甚小的加拿大皇家海军的青睐，开始被大规模生产并投入使用，以应对北大西洋汹涌的大海和恶劣的天气。
“利”式反潜探照灯
这盏亮度为2200万标准烛光、长度为61厘米的可伸缩探照灯悬挂在盟军反潜飞机的机身下方，因外形而被称为“垃圾桶”。反潜飞机在突袭U型潜艇时会打开所有的探照灯照亮水面。这不仅使目标清晰可见，还会使U型潜艇船员在最为重要的交战伊始短暂失明。
漂雷 / 浮雷
刺猬反潜炮
刺猬反潜炮是安装在驱逐舰与护卫舰上的前射反潜武器，以24枚深水炸弹为一组，可在前方250米处形成间距37米的三角形覆盖区，堪称U型潜艇克星。由于刺猬反潜炮弹只有在U型潜艇接触到时才会爆炸，所以只要没有击中目标，便不会干扰声呐。普通的深水炸弹依靠远达效应（机体被击中后，在远离伤道部位的组织或器官中产生的各种损伤和反应，是强压力波直接或间接作用的结果）攻击敌方，但刺猬反潜炮弹可直接在潜艇的船体上打出一个洞，因而更为致命。
上浮水雷
声呐
英国在战前发明了声呐，即用定向声波“看清”水下情况。声波接触到U型潜艇后会反弹，士兵便可依靠回声追踪潜艇。回声返回得越快，说明潜艇离得越近。声呐员可接收到275米之内的信号，一旦发现敌舰便可用鱼雷（射程约3千米）近距离攻击。
情报
艾伦·图灵和他的破译团队在布莱切利公园的工作是盟军制胜的关键，为大西洋战役乃至整个第二次世界大战做出了巨大的贡献。1941年，他们成功破解了恩尼格玛密码，从而使英国皇家海军西部航路司令部能够明确掌握邓尼茨的每一步行动，甚至可以轻松引导护卫队远离或绕过潜伏的U型潜艇。

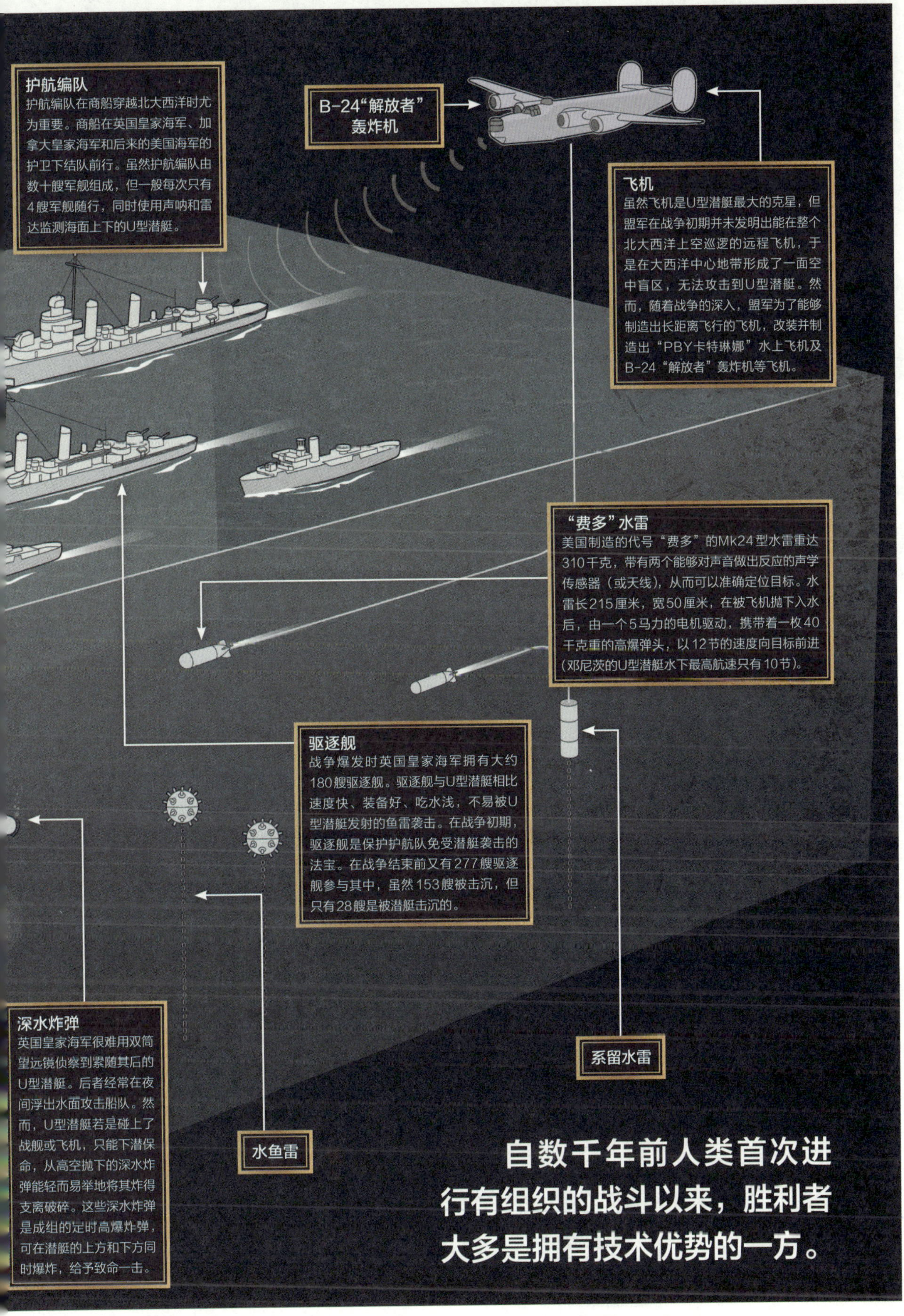

护航编队

护航编队在商船穿越北大西洋时尤为重要。商船在英国皇家海军、加拿大皇家海军和后来的美国海军的护卫下结队前行。虽然护航编队由数十艘军舰组成，但一般每次只有4艘军舰随行，同时使用声呐和雷达监测海面上下的U型潜艇。

飞机

虽然飞机是U型潜艇最大的克星，但盟军在战争初期并未发明出能在整个北大西洋上空巡逻的远程飞机，于是在大西洋中心地带形成了一面空中盲区，无法攻击到U型潜艇。然而，随着战争的深入，盟军为了能够制造出长距离飞行的飞机，改装并制造出"PBY卡特琳娜"水上飞机及B-24"解放者"轰炸机等飞机。

"费多"水雷

美国制造的代号"费多"的Mk24型水雷重达310千克，带有两个能够对声音做出反应的声学传感器（或天线），从而可以准确定位目标。水雷长215厘米，宽50厘米，在被飞机抛下入水后，由一个5马力的电机驱动，携带着一枚40千克重的高爆弹头，以12节的速度向目标前进（邓尼茨的U型潜艇水下最高航速只有10节）。

驱逐舰

战争爆发时英国皇家海军拥有大约180艘驱逐舰。驱逐舰与U型潜艇相比速度快、装备好、吃水浅，不易被U型潜艇发射的鱼雷袭击。在战争初期，驱逐舰是保护护航队免受潜艇袭击的法宝。在战争结束前又有277艘驱逐舰参与其中，虽然153艘被击沉，但只有28艘是被潜艇击沉的。

深水炸弹

英国皇家海军很难用双筒望远镜侦察到紧随其后的U型潜艇。后者经常在夜间浮出水面攻击船队。然而，U型潜艇若是碰上了战舰或飞机，只能下潜保命，从高空抛下的深水炸弹能轻而易举地将其炸得支离破碎。这些深水炸弹是成组的定时高爆炸弹，可在潜艇的上方和下方同时爆炸，给予致命一击。

自数千年前人类首次进行有组织的战斗以来，胜利者大多是拥有技术优势的一方。

猛禽小队

飞机如何成为盟军遏制并摧毁邓尼茨狼群的制胜武器

英国人认识到空军是击败U型潜艇的关键。英国皇家海军共有7艘航空母舰，战争开始的几周后便派出勇敢级航空母舰前往大西洋搜捕潜艇，舰上载着48架剑鱼式鱼雷轰炸机，并由4艘驱逐舰护航。不过，1939年9月17日勇敢级航空母舰在爱尔兰西北部海域巡逻时被U-29潜艇击沉，船上500多人全部丧生，对英国皇家海军而言无疑是毁灭性打击。英国皇家海军只能将剩下的6艘航母派往没有U型潜艇的地区巡航。

盟军空军受飞机航程限制，无法全面覆盖广袤的战场，于是使大西洋中心地带形成一面空中盲区，无法攻击到U型潜艇。那里也成为德军狼群的主要猎场。

为此，盟军在冰岛、格陵兰岛和法罗群岛建立空军基地，力求减少空中盲区。英国在战前已在水上飞机方面积累了极为丰富的经验，且战争初期的实践也证实了水上飞机确实具备多种功能。不过，理想的远程海上巡逻机应具备与轰炸机相似的功能。

可以说，利用此种飞机战略性空袭德军占领的欧洲区域是英国和盟国反击德国的唯一手段。但不幸的是，盟军并未掌握此种飞机。于是，在千呼万唤中B-24“解放者”轰炸机登上历史舞台。

与现代潜艇不同，当年的德国U型潜艇无法持续下潜数周时间，更多是作为可以下潜的鱼雷艇用于防御；一旦下潜后，便需要电池驱动，而电池自然需要定期充电，这只能在潜艇浮出水面并将柴油发动机充当发电机后才能完成。

战争伊始，U型潜艇可以自由地在空中盲区的水面徘徊。然而，1942年“解放者”轰炸机问世。该飞机安装了雷达，飞行时间大大延长，加之邓尼茨的密码遭到破译，空中盲区随之彻底消失。

B-24“解放者”轰炸机在大西洋战役中成功击沉了70多艘U型潜艇。

“桑德兰”水上飞机

所属：英国皇家空军海防总队、加拿大皇家空军

服役时间：1938—1959年

航程：2848千米

“桑德兰”水上飞机载有11名船员，配有侦察海面舰艇的飞机监视雷达（ASV）、8个深水炸弹和16支.303勃朗宁机枪，在空中掩护商船护航队和巡逻港口、追捕邓尼茨的狼群，在战斗中摧毁了大约60艘U型潜艇。起初“桑德兰”水上飞机参与营救被鱼雷击沉舰船的幸存者，但在1942年后英国皇家空军海防总队出于安全考虑，废止了这种英勇但危险的做法。

▲"桑德兰"水上飞机准备起飞

PBY"卡特琳娜"水上飞机

所属：英国皇家空军海防总队、加拿大皇家空军、美国海军

服役时间：1936—1957年

航程：4000千米

PBY"卡特琳娜"水上飞机由10名男性驾驶，机上配有.50口径机枪，腰部两侧吊舱中各配备一位机枪手，机翼的炸弹架上能够运载多达1800千克的弹药，同时还有搜捕潜艇、保驾护航、侦察海面舰艇的飞机监视雷达（ASV）。PBY"卡特琳娜"水上飞机在大西洋战役中成功摧毁了40艘U型潜艇，两位飞行员英国皇家空军的飞行指挥官约翰·克鲁克山克和飞行中尉大卫·霍内尔因此获得了维多利亚十字勋章。

▲PBY"卡特琳娜"水上飞机Z2147号在服役期间向U型潜艇成功发动了9次攻击

▲ 盟军共生产出19000架B-24“解放者”轰炸机

B-24“解放者”轰炸机

所属：英国皇家空军海防总队、加拿大皇家空军、美国陆军航空军、美国海军

服役时间：1939—1957年

航程：3220千米

在第二次世界大战期间，B-24“解放者”轰炸机占据美国各种轰炸机产量榜之首，是致命打击邓尼茨狼群的空中利器。机上载有10名机组成员，自1942年起配备远程油箱，每次可在空中飞行18小时。同时机上装备有10门12.7毫米航空重机枪、侦察海面舰艇的飞机监视雷达和“利”式探照灯。随机的武器库有且不限于鱼雷、子弹、炸弹、火箭和深水炸弹，种类之繁让人心生畏惧。总之，此种B-24“解放者”轰炸机在大西洋战役中成功击沉了70多艘U型潜艇。

大西洋中心地带形成了一面空中盲区，那里也成为德军狼群的主要猎场。

德国U-134潜艇遭到空中袭击

保卫英国海岸

英国借助精巧的防御系统阻拦潜艇进入港口

英国的港口既是大西洋护航队的避风港，也是U型潜艇的攻击目标。

在第一次世界大战中，一些深陷于英国钢制反潜网（挂在港口入口处的指示网）的德国U型潜艇被深水炸弹击沉。其实早在1938年，英国就开始增强重要港口周围的防御。

英国首相张伯伦向英国人民保证，能够通过慕尼黑会议说服希特勒，避免两国开战。但在这场臭名昭著的会议结束后，他回到英国，不得不在克莱德河河口加强军防，开始备战。战争爆发不到一年，英国便制造出一面巨大的钢制反潜网，由8艘吊杆船部署完成，自此U型潜艇便无法驶入克莱德河。

反潜网可能长达100米，深至海床。除此以外，英国还有许多阻止U型潜艇出海的精密措施。

防潜网上的火箭弹会在潜艇冲撞防潜网时爆炸。有时改装后的渔船也会安装防潜网、机枪和深水炸弹。英国港口附近还有大片的雷区、声呐听音哨、雷达站、陆地炮台、巡逻舰、前哨勘探舰等，并安排英国皇家空军海防总队的飞机定期巡逻。事实证明，这些做法非常有效地震慑了邓尼茨的U型潜艇。

早在1938年，英国就开始增强重要港口周围的防御。

▲ 木制或金属制的大型浮子可将硕大的悬浮网固定在合适的位置

平底炮艇的指示浮标上装有静水压力释放器

当反潜网捉捕到 U 型潜艇时，海面上的浮标就会燃烧起来，以示水下敌人的踪迹

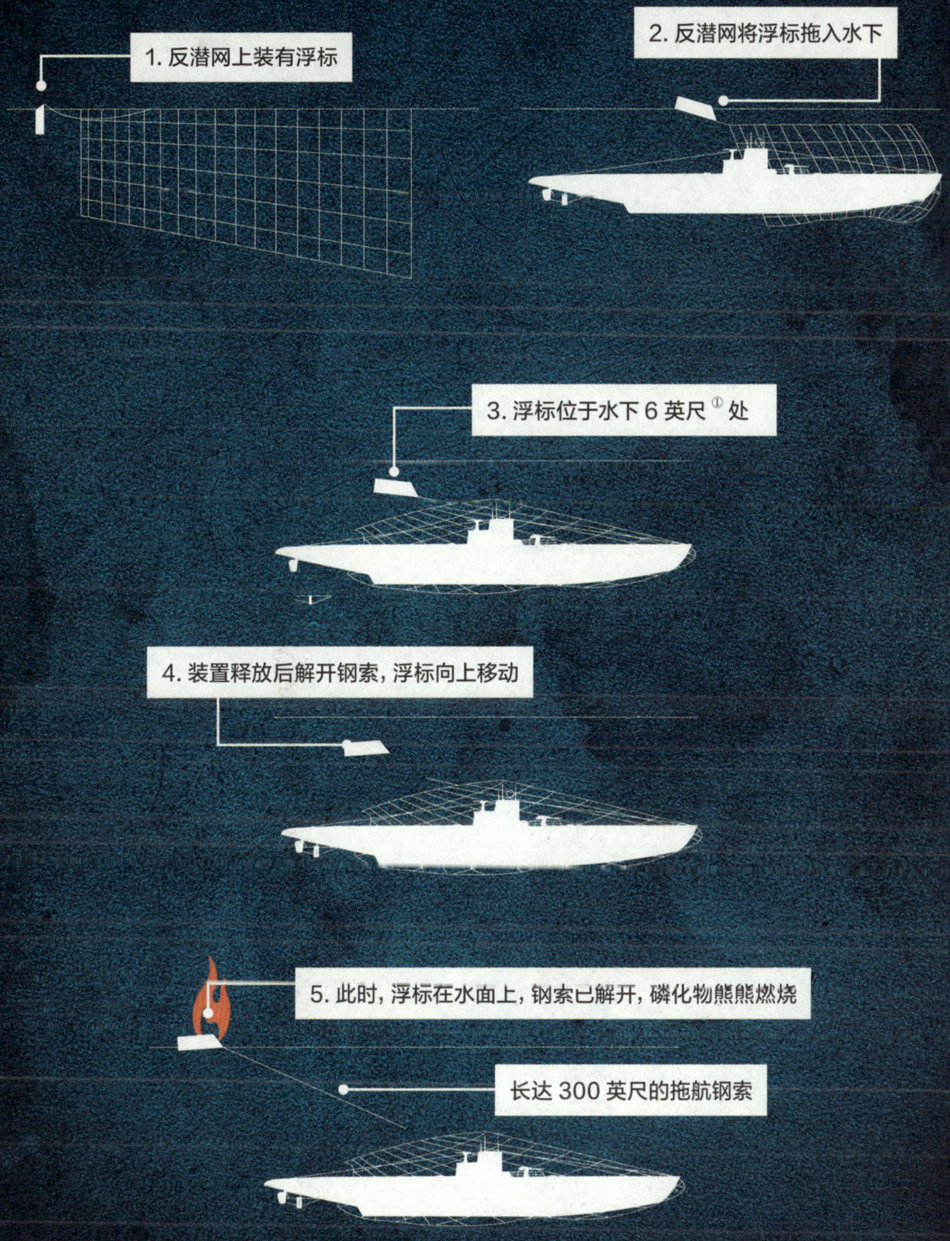

① 1 英尺约为 0.3048 米。

▲ 吊杆船一般会把反潜网拖到合适的地方，然后与浮标连接

▲ 用新型恩尼格玛密码机破译密码

▲ 英国“大斗犬”号驱逐舰对U-110发起猛烈的攻击，致使船员们误以为潜艇已被击沉。但事实并非如此，英国最终俘获了这艘潜艇

战争中最伟大的发现

当一名英国军官登上一艘废弃的 U 型潜艇时，他还不知道自己将改变历史

1941年5月9日，德国U-110的指挥官、U型潜艇专家弗里茨·朱利叶斯·莱姆普率舰袭击了冰岛南部的一支护航队。英国“大斗犬”号驱逐舰见状马上赶来支援护航队。莱姆普意识到危险后潜入水中，但为时已晚。潜艇上的船员都已意识到“大斗犬”号驱逐舰马上将追上他们，并且听到了深水炸弹被抛入水中的声音。

潜艇船员们已经料想到接下来会发生的事情，他们在沉默中痛苦地等待着爆炸冲击波的到来。21岁的乔治·霍格尔是莱姆普当时的无线电接线员，据他后来回忆，“震动太厉害了，我知道我们无法逃避。随后莱姆普便下令浮出水面。”在U-110上浮期间，“大斗犬”号驱逐舰火力全开，吓得潜艇船员们魂飞魄散，在U-110浮出水面后便立刻逃出舱口，跳入大海。

“莱姆普站在指挥塔上大喊：‘快跑，大家快跑出去！’”霍格尔回忆道，“但是我们两个无线电接线员还在控制室，所以我们大声问道：‘那这些秘密的机器怎么办?’莱姆普回答：‘什么东西都不拿，大家快跑！’他只是想救下所有人。”

莱姆普在混乱中丧生，他的船员们以为U-110正在下沉，所以弃船而逃。但不知怎的，潜艇却仍在漂浮。随后，“大斗犬”号驱逐舰上的指挥官命令20岁的海军少尉大卫·巴尔姆登上潜艇进行检查。数年后，巴尔姆回忆道：“在划船靠近潜艇后，我走了上去，手持左轮手枪在甲板上巡视着。所有的舱口都是敞开的，但我并不知道下面会有多少德国人。我双手扶梯，把手枪放进枪套中，心惊胆战地慢慢爬下楼，来到了控制室。这里一片死寂，除了我之外别无二人。于是我呼叫战友开始搜寻检查U型潜艇。”

接下来发生的事情是第二次世界大战中最重要的事件之一。“大斗犬”号驱逐舰的官兵们在一番搜索后找到了U型潜艇的密码本和一台完好无损的恩尼格玛密码机——一台用于加密和解密德国无线电信号的秘密设备。这些机器随即被送到了白金汉郡布莱切利公园的英国密码破译中心，那里汇聚了英国最优秀的人才，共同破解密码。他们之前一直在使用战前密码机，获得最新的恩尼格玛密码机后，旋即取得重大突破。

艾伦·图灵是布莱切利公园中著名的密码破译员，他在截获的U型潜艇指挥官和邓尼茨每天互相发送的关于潜艇的位置和天气等信息的第一份公报中，就识别出一种编码方式，自此慢慢寻找解开密码的方法，最终研制出“图灵甜点”——这是一台能够同时处理数千种代码变式的大型原始计算机。盟军偶然获得的莱姆普的恩尼格玛密码机可谓是上天的眷顾。

“大斗犬”号驱逐舰的官兵们在一番搜索后找到了U型潜艇的密码本和一台完好无损的恩尼格玛密码机。

中途岛海战

扭转太平洋战争战局的战役

詹姆斯·霍兰（James Holland）

仅仅7分钟，战局发生了翻天覆地的变化，太平洋海面上上演了一出美国版特拉法尔加海战，日本帝国舰队被美军全部歼灭。

▲ 1942年6月3日至4日夜间，美国海军飞行员驾驶鱼雷轰炸机攻击入侵中途岛的日本舰队

▲ 1941年11月24日，中途岛环礁的航拍

▲ 太平洋舰队总司令、美国海军上将切斯特·威廉·尼米兹

1942年6月4日上午10时20分，美国在太平洋战争中失利。然而，上午10点27分，美国又反败为胜。在这七分钟里，战局发生了翻天覆地的变化，太平洋海面上上演了一出美国版特拉法尔加海战，日本帝国舰队被美军全部歼灭，这一戏剧性的结局出乎所有人的意料，也成为2019年电影《决战中途岛》的题材。

1941年12月7日上午，日军偷袭位于美国夏威夷的珍珠港。日本其实并没有征服美国、接管白宫的宏伟计划，只是想给予美国一记沉重的打击，致其军队瘫痪，为自己争取到六个月或更长的时间，最终攻占中国的资源据点以维持战争。20世纪30年代，日本匮乏的物资无法满足其现代化的高速发展。相反，幅员辽阔的中国资源丰富。随着国内民族主义和军国主义日益高涨，日本统治者最终在1931年入侵中国。然而，战争的走向却没有按照计划发展，日军不久深陷泥潭，最终付出了惨重的代价。

对于日本而言，东南亚各国遍地资源，但隶属于英国、荷兰和美国等国。1940年，在德国攻陷法国后，日军入侵法属印度支那（现越南），西方列强为此惶惶不安。此前日本一直从美国进口大部分石油和钢铁，但自此次入侵后，美国开始限制向日出售军需品，日本随之陷入进退维谷的局面。日本深知，若后退一步，做出让步，就得撤出印度支那，这将颜面尽失、经济崩盘，最终撤出中国；若继续向前，则需拿出一份能够摆脱困境的方案。1941年11月，日本首相近卫文

▲ 1942年6月4日下午，“约克城”号航空母舰在中途岛战役中遭到日本鱼雷袭击

▲ 美国海军陆战队侦察轰炸机VMSB-241中队的飞行员

麿辞职，东条英机接任，带领日本帝国走上了一条不归路。东条英机是一位极端民族主义者和鹰派人士，认为尽管美国国富兵强，但美军却并无斗志；相反，虽然日本可能在物资上相对匮乏，但拥有一支现代化、训练有素的海军，在精神和心理上更胜一筹。于是，偷袭珍珠港的想法应运而生——这将是一次大胆的袭击，可以一举击溃美国太平洋舰队，为日本争取宝贵的时间。

偷袭珍珠港是海军大将山本五十六的主意，他曾在美国学习，学识渊博，反对日本对美作战。不过，他也认为偷袭之举虽如赌徒孤注一掷，但也是日本摆脱困境的唯一途径。美国方面，早在1941年11月27日，美国海军上将赫斯本德·金梅尔在担任夏威夷太平洋舰队司令官时就收到华盛顿的警告，对日作战迫在眉睫。对此，金梅尔从珍珠港调出了4艘航空母舰中的两艘，前往中途岛和威克岛的太平洋前哨，两个小环礁岛瞬间变成了军事基地；第三艘航空母舰正在进行改装，第四艘航空母舰已在大西洋服役。

于是，在偷袭珍珠港当日，日军353架飞机从航空母舰上起飞冲向美军，其中鱼雷轰炸机摧毁了美国太平洋舰队，俯冲轰炸机轰炸了机场。数分钟内，美军8艘战舰全部遭遇袭击，损失难以估量。不久，又有171架飞机呼啸而来，停靠在军港的美军曾经的舰队此刻变成扭曲的金属，熊熊的愤怒之火冒出滚滚浓烟，直冲云霄；无数士兵当场丧命。而停放在机场的188架飞机被毁，另有150架飞机受损。此外，还有3艘巡洋舰、3艘驱逐舰和另外3艘舰船遭到袭击。

日本飞机的飞行高度极低，令目击者十分震惊。“该死，我甚至能看到他们嘴里的金牙。”一位军官说。还有人说：“我们仿佛要被洪水、龙卷风或地震吞没了。飞机的攻击如此迅猛有力，人们都傻了眼。”

日本自认成功偷袭了珍珠港，但山本对此颇感失望。他明白，海战已经发生了转变——航空母舰取代战列舰成为顶级的战舰。尽管日本成功偷袭了珍珠港，但没能击中一艘美军的航空母舰。

▲ 1942年年初，美国海军格鲁曼F4F-3战机

▲ 1942年6月4日，美国“约克城”号航空母舰被日本炸弹击中

虽然此次轰炸并没有给日本造成太多的物质损失，但却深深挫败了日军的志气，使其意识到日本并非坚不可摧。

于是，山本便开始制订摧毁航空母舰的计划，认为中途岛是制胜的关键。但他并不计划入侵中途岛环礁，而是将其作为诱饵。他认为这样美国将派出航空母舰出击，那时日本就可派出精英部队进行突袭，从而将航空母舰等一举歼灭。

不过，对此日本陆军却有不同看法，认为当务之急是联合海军巩固其在太平洋和东南亚的地位。马来亚、新加坡、荷属东印度群岛、缅甸和美国殖民下的菲律宾都受到了日本快速有力的袭击，攻势之猛不免令人惊愕。美、英、荷、澳四国联合司令部疏于防备，被打得措手不及，更别说应战了。尽管杀疯了的日军似乎是势不可挡，但迅速恢复的美国武装部队，尤其是美国海军，对日军而言仍是致命威胁。

与此同时，美国海军总司令兼海军上将欧内斯特 · 金制订了美军在太平洋的作战计划。他的方法十分明确，围绕两个基点展开：第一，不能让夏威夷沦陷；第二，不能让澳大利亚沦陷。他命令接替金梅尔的海军上将切斯特 · 尼米兹首先要保障夏威夷岛与中途岛之间的海路安全，这条海路在国际日期线以东，与北美大陆接壤；其次，确保通往澳大利亚的海路畅通无阻。美军将在斐济、萨摩亚和汤加群岛发起反攻，而后到达所罗门群岛、新几内亚、婆罗洲，如果时间来得

及的话，还会到达菲律宾。战略路线清晰合理。

1942年2月1日，美国海军开始反击，对日本统治下的马绍尔群岛的航运和机场发起了一连串的袭击。虽然没有达到预期的效果，但美军从中吸取很多教训，继续反击。

1942年4月，美军发动了“杜立特空袭”，16架B-25轰炸机从“大黄蜂”号航空母舰上起飞，轰炸了东京等10个日本城市。虽然此次轰炸并没有给日本造成太多的物质损失，但却深深挫败了日军的志气，使其意识到日本并非坚不可摧。这时，日本开始实施山本五十六的计划，准备在中途岛吸引美军的兵力。

美国航空母舰再次向日军发起了突袭，1942年5月，双方进行了第一次规模庞大的交战。此时的日本想通过入侵和占领澳大利亚北部新几内亚的莫尔斯比港以及所罗门群岛的图拉吉岛来破坏盟军的计划。但美军破译了日本的电码，在得知日军的行动计划后，派遣了一支由航

美军第六鱼雷中队和道格拉斯TBD-1轰炸机准备在“企业”号航空母舰上起飞

▲ 中途岛战役结束两周后，美国“巴拉德”号航空母舰救下了一艘救生艇上的日本战俘

空母舰和巡洋舰组成的美澳联合海军部队前去阻止日军的行动。5月3日至4日，“约克城”号航空母舰上起飞的美国飞机对刚刚入侵图拉吉的日军发起了攻击，日军对此感到十分意外。5月7日，日军在珊瑚海向盟军海军发起进攻。

这是双方使用航空母舰的第一次交锋，美日军队各输一场，战况惨烈。5月8日，美军在雷达屏幕上发现敌机正飞向美国“列克星敦”号航空母舰和第17特混舰队，立即派遣野猫战斗机出击拦截。随后，上午11时13分，瞭望员发现了天空中斑斑点点的敌机。它们越飞越近，其中进攻的鱼雷轰炸机分成两队，而俯冲轰炸机则向疯狂躲避的“列克星敦”号航空母舰俯冲袭来。不过，日军飞机发现野猫战斗机持续输出的防空火力形成了一道防御屏障，据指挥日本进攻的岛崎茂和中校回忆，“我们似乎无法在轰炸和鱼雷袭击中幸存……我们的零式战斗机和敌人的野猫战斗机不断地交织、旋转、俯冲、爬升。爆炸后的飞机碎片从空中坠落下来”。

尽管美军奋力抵抗，但“列克星敦”号航空母舰还是被炸弹和鱼雷击中，虽经火力攻击小组成功修复，但最后还是在一连串的爆炸后遭到摧毁。战斗持续到第二天黄昏，双方的飞机和军舰都受损严重。不过，更重要的是，珊瑚海一战让日本人彻底放弃了入侵新几内亚的计划。

日军公认山本五十六上将是一位鼓舞人心、思想开明的指挥官，但他制订的中途岛计划过于复杂，实属画蛇添足。当时，日军在数量和质量上都处于上风：他们的鱼雷轰炸机质量更好，飞行员受过更好的训练，战舰也更多。不过，和山本五十六料想的一样，这种优势并不会持续多久，这也是日本急于抓住中途岛海战这个黄金机会的原因。日本认为经此一役，美国海军至少需要六个月，甚至更长的时间才能恢复元气；在此期间，日本便可进一步扩大防御圈。山本五十六

希望幸运的话，美国能够与日本求和，而日本则可全身而退，届时日本便可顺利征服中国。

山本五十六的计划是引诱美国太平洋舰队参战，进而将其航空母舰与战列舰分裂开数百英里，无法守望相助。这样，日军就可以攻击美军的航空母舰，随后派遣战列舰和巡洋舰与美国剩下的战舰交战。

日美两国的情报工作处于天平的两端，前者差得离谱，后者好得出奇。美军情报员截获并破译了日本海军的很多情报，对日军的行动了如指掌。尼米兹上将则基于对情报的分析制定应对措施。他了解到日方有4~5艘航空母舰，而他只有3艘；但可以把中途岛的机场当作一艘永不沉没的航空母舰，这样美军就拥有4艘航空母舰，在数量上可与日军抗衡。即使如此，他与日本对决的决定仍很冒险，需要精确计算。

雪上加霜的是，美国海军上将比尔·哈尔西身体抱恙，主力航空母舰的特遣部队便缺少了一名指挥官。尼米兹于是安排海军上将雷蒙德·斯普鲁恩斯接任此职。斯普鲁恩斯虽然非常有能力，但善于指挥的是巡洋舰，而非航空母舰；此刻只能临危受命，指挥哈尔西留下的两艘航空母舰。同时，海军上将杰克·弗莱彻担任美国海上作战的总司令。毫无疑问，这将是一场决定美日两国命运的海战。

6月4日，战斗开始，日本派遣航空母舰的空军力量向中途岛发起进攻。他们本以为能袭击环礁上打盹的美国空军，但是提前知晓日本行动的美方正准备用轰炸机部队反击日本航空母舰。不过，美国对日本航空母舰的第一次空袭堪称灾难。美国海军的重型轰炸机和鱼雷轰炸机强强联手，相继抵达中途岛。但日本海军操作战斗机的技术高超，见状紧急起飞，轻松击落美军的飞机。美国鱼雷轰炸机连一架日本飞机都没有击中，反而大多被日军击落。随后，美军B-17重型轰炸机登场，虽然距地面只有20000英尺，但还是因为离地过高而无法精准攻击，没有击中任何目标。

若是战争就此结束，日本便可赢得这场战争乃至整个太平洋战争。不过，美国航空母舰的突击扭转了战局。美军通过无线电情报找到了两艘日本航空母舰，但剩下的一对无处可寻。美军指挥官旋即命令全部航空母舰攻击那两艘敌舰，但“大黄蜂”号航空母舰的指挥官却决定前往不同的方向寻找失踪的敌方航空母舰。他只是出于预感，但事实证明这种预感是完全错误的。换言之，在中途岛海战中美方空军的力量被大大削弱。“大黄蜂”号航空母舰部队还在朝着错误的方向前进，美国现在用两艘航空母舰与4艘日本航空母舰对决，胜率大大降低。

但问题是，这些飞机根本找不到日本航空母舰，燃油也快耗尽了。韦德·麦克拉斯基中校指挥美国“企业”号航空母舰的俯冲轰炸机中队和

“约克城”号航空母舰的一个中队，立志在没有发现日本航母舰队前绝不掉头返航。他的付出得到了回报，在关键时刻发现了一艘日本驱逐舰的尾流，推测其正要回归主力舰队。上午10点22分，他命令手下朝着冒蒸汽的驱逐舰前进。果然，他们有了发现，不过不是两艘，而是日军全部4艘航空母舰。

然而，杰克·沃尔德伦中校违反军令，指挥“大黄蜂”号航母舰队的一个鱼雷轰炸机中队，先于麦克拉斯基轰炸机之前来到预测中的日军航空母舰所在地。他虽然预测正确，但很快也为之付出沉重的代价。日本海军战斗机和炮手再一次将15架美国鱼雷轰炸机全部炸成碎片；沃尔德伦与部下一起丧生火海。

由于鱼雷轰炸机吸引了低空飞行的日本战斗机的全部火力，“企业”号航空母舰上的30架俯冲轰炸机以及“约克城”号航空母舰上的15架轰炸机得以获得一线生机。虽然日军防空火力凶猛，但“企业”号航空母舰的俯冲轰炸机中队现已目标明确，它们在麦克拉斯基的命令下计划兵分两路，同时攻击两艘日本航空母舰。不过，由于沟通不畅，30架俯冲轰炸机全部向“加贺”号航空母舰发起攻击。迪克·贝斯特中尉发现这个失误后，率领两架僚机，向北向“赤城”号航空母舰发起攻击。与此同时，“加贺”号在美军四五轮攻击后遭到重创，美军一枚炸弹在舰桥附近爆炸，日军航空母舰指挥官和高级军官全部毙命。

几分钟后，贝斯特和他的僚机俯冲来到“赤城”号航空母舰附近。虽然贝斯特只有一枚炸弹击中了“赤城”号，但这致命一击穿透了甲板，射向主吊架，致使航空母舰发生了大规模爆炸和火灾。随后，另一枚炸弹也不负所望地炸毁了方向舵。

于是，日军两艘航空母舰在几分钟内相继遭到摧毁。现在轮到马克斯·莱斯利指挥的“约克城”号航空母舰的俯冲轰炸机登场了，它们成功击中了日本“苍龙”号航空母舰三次。至此，日军3艘航空母舰停止运转，舰上飞机全部被毁，每艘航空母舰都如同一所漂浮的炼狱。日军第四艘航空母舰“飞龙”号在袭击中幸免于难，不久后便开始反击，最终使“约克城”号航空母舰瘫痪。不过，当天下午晚些时候，“约克城”号航空母舰上的一架侦察机发现了“飞龙”号航空母舰，“企业”号航空母舰上的轰炸机随即起飞，很快锁定目标，并击中其四五次，其中第二次由迪克·贝斯特完成。

日军舰队司令兼海军少将山口多闻和“飞龙”号舰长加来止男大佐拒绝离舰，以身殉舰。

“飞龙”号航空母舰的失利再次给日军一记沉痛打击。上午10点20分至10点27分，美国在这7分钟内取得的胜利，不仅决定了这场战役，甚至可以说决定了整个太平洋战争的走向。毫无疑问，自战斗伊始就处于劣势的美军终于打了一场令人刮目相看的翻身仗。经此一役，日本企图进一步巩固其在太平洋地区势力的妄想彻底破灭，同时也失去了唯一可以抵御美国的机会。

两年后，美国海军用24艘航空母舰袭击了日本占领下的塞班岛。可以说，美军只是在太平洋战争的前六个月疲软无力，但经中途岛一役，日本的狂妄自大激发出美军的智慧与勇气，乃至好运。毫无疑问，日本为中途岛海战的失败付出了高昂的代价，遭受到毁灭性的打击，永远无法恢复如初；美国则赢得了历史上最伟大的海战之一。

格鲁曼TBF-1复仇者鱼雷轰炸机编队正在太平洋上空飞行

莱特湾海战

**发生在1944年10月23日至26日的
美日海军对决——莱特湾海战，
堪称历史上最大的海战**

马克·德桑蒂斯

1944年10月20日，西南太平洋战区盟军司令道格拉斯·麦克阿瑟在发动猛烈的轰炸后，准备率领20万美军登陆莱特岛，解放被日本统治的菲律宾。海军中将托马斯·金凯德受命率领美国第七舰队驶入莱特湾近海，负责为两栖登陆的主力部队投送兵力，以及运载弹药、食品和医疗用品。

在发动登陆战的数天前，美国的主力航母编队已经空袭了台湾岛和琉球群岛，摧毁了数百架日本飞机。加之日本的联合舰队在此前6月的菲律宾海战中严重受损，导致日本在接下来的战斗中缺乏空中掩护。

为了消灭登陆莱特湾的美军，日本最高司令部启动了“捷1号”作战方案。不过，日本具备诸多劣势。除了前述防空能力过于脆弱，只能依靠海上舰队提供帮助外，日本还必须先将美国海军上将“蛮牛”威廉·哈尔西率领的第三舰队引诱到菲律宾东北部，防止其干扰日本联合舰队攻击进攻莱特湾的美国两栖舰队。

就作战方案的复杂程度而言，“捷1号”作战方案堪称日本海军制定的行动中最复杂者。按照方案，先是由日本海军中将小泽治三郎率领北方舰队的17艘军舰从日本本土水域出发，与1艘航空母舰和3艘轻航母，以及2艘战舰和11艘较小的战舰组成编队，引开哈尔西舰队。其后，由日本海军中将栗田健男率领一支强大的主力舰

在锡布延海战中，日军竟然仅用一枚炸弹就击沉了美军“普林斯顿”号轻型航空母舰

队（其中包括5艘战列舰、10艘重型巡洋舰、两艘轻型巡洋舰和15艘驱逐舰），从婆罗洲启航，穿过菲律宾中部的圣贝纳迪诺海峡，向南驶到莱特湾登陆点。

最后，由日本海军中将西村祥治和海军中将志摩清英共同率领南方舰队。前者麾下舰队由两艘战列舰、1艘重型巡洋舰和4艘驱逐舰组成，从婆罗洲启航；后者麾下舰队由两艘重型巡洋舰、1艘轻型巡洋舰和7艘驱逐舰组成，从琉球群岛出发。以上舰队连同拥有“大和”号和“武藏”号这两艘七万吨级超级战列舰的主力舰队，计划于10月25日在莱特湾将美国登陆舰队一举歼灭。

不过，令人意想不到的是，美日两军的指挥官都没能做好舰队沟通工作，出现了许多沟通不畅或误解，对战局造成了非常严重的影响。

舰载机发射了17枚炸弹和19枚鱼雷攻打“武藏”号超级战列舰，虽然16枚未能命中目标，但“武藏”号在狂轰滥炸下仍被击沉。

10月23日凌晨，美军“海鲫”号和“鲦鱼”号潜艇率先在巴拉望岛附近拦截了栗田健男的主力舰队，发射鱼雷袭击了3艘日本巡洋舰，造成两艘被击沉，一艘严重受损。两军对决就此拉开序幕。不过，对美军而言战事并非一帆风顺，战斗中“海鲫”号潜艇搁浅，船员由“鲦鱼”号潜艇救起。但这并不影响大局。哈尔西麾下第三舰队的主力是快速航母第38特遣舰队和几艘战列舰，其中特遣舰队设有三个在航空母舰周围作战的分队，另有一个分队负责在乌利西环礁的舰队锚地为舰船补充弹药和燃油。

于是，哈尔西在“新泽西”号战列舰上指挥前三个分队对战栗田健男的主力舰队。与此同时，他也得知西村祥治将率领南方舰队穿越苏里高海峡，来到莱特湾增援；但他认为金凯德率领的第七舰队完全可以击退西村舰队，所以没太在意西村舰队的增援问题，甚至将前往乌利西环礁执行任务的第四分队找回一同应敌。不过，由于麦克阿瑟禁止各舰队之间直接沟通，所以金凯德的第七舰队并不知晓哈尔西的动向。

10月24日，哈尔西的航母舰载机在锡布延海战中袭击了栗田健男的主力舰队。舰载机发射了17枚炸弹和19枚鱼雷攻打“武藏”号超级战列舰，虽然16枚未能命中目标，但“武藏”号在狂轰滥炸下仍被击沉。栗田健男只能下令舰队撤离圣贝纳迪诺海峡。

美军方面基本毫发无损。不过，当第三舰队的飞行员返回航母时，哈尔西没有充分分析，仅靠飞行员的反馈就得出结论：栗田舰队已不再是主要威胁。当得知小泽治三郎麾下的北方舰队的位置后，他再度决定率领整个快速航母第38特遣舰队（包括第三舰队的航母舰队及所有的战列舰）向北进军，前往歼灭小泽舰队。他仍然相信第七舰队完全有实力单独抵御敌人并进击海滩。但问题是，金凯德从未明确收到哈尔西率领全军离开的消息，一直以为他留守在圣贝纳迪诺海峡。

正当美国海军最强大的舰队向北推进时，栗田率领舰队掉头，再度返回圣贝纳迪诺海峡。10月25日清晨，栗田舰队发现第七舰队的77.4特混大队夹在自己与美军运输舰队之间。77.4特混大队下有“塔菲1”号、“塔菲2”号和“塔菲3”号三个编队，每个编队都配有护航舰和驱逐舰，由海军少将托马斯·斯普拉格指挥。不过，金凯德组建第七舰队的初衷是为登陆的美军提供空中掩护，并非与日本联合舰队对决。但此时狭路相逢，只能正面应敌了。

在海军少将克里夫顿·斯普拉格的指挥下，被敌方打了个措手不及的“塔菲3”号编队在弹尽粮绝之际开始了绝望的防御。编队派遣运输机将机上所有炸弹扔向敌方，派遣野猫战斗机扫射敌舰，同时派遣驱逐舰对更大的日本军舰发动近乎自杀式的袭击。“塔菲1”号和“塔菲2”号编队虽距离较远，但见状立即赶来增援。不过，短期内“塔菲3”号编队仍需孤军奋战。

不过，好在在茫茫大雾之下，栗田也不知就里，误以为对阵的是整个美国第三舰队，而非事实上的仅为登陆部队提供空中掩护的小股舰队，于是在损失3艘巡洋舰后便下令撤退。如此一来，美军虽损失惨重，但逃过了全军覆没一劫。

与此同时，第三舰队仍在追击小泽治三郎率领的北方舰队，且与第七舰队渐行渐远。另一方面，10月25日黎明，西村祥治率领南方舰队驶抵苏里高海峡，志摩清英率领的舰队也来到海峡远处部署后防线，准备迎战海军少将杰西·奥尔登多夫率领的第七舰队的炮舰。奥尔登多夫舰队的火力输出主要靠经维修后重新上阵的6艘旧战舰，而西村祥治舰队的火力输出主要靠“山城”

号和“扶桑”号战列舰。不过，两军交战后“扶桑”号因美军驱逐舰的鱼雷攻击而严重受损，最终爆炸；“山城”号也被鱼雷击中，勉强继续与美军战列舰及巡洋舰喷射的烈焰搏斗。而美军借助火控雷达将大量重型炮弹射向西村舰队。于是，在狂轰滥炸下，日军“山城”号在黎明前沉没，“最上”号重巡洋舰也在当天晚些时候没了踪迹。远在后方的志摩清英目睹了西村舰队的惨烈战况后，连忙指挥护卫船队掉头驶出了苏里高海峡。

再说哈尔西的第三舰队。在10月25日恩加诺角附近发现小泽治三郎率领的北方舰队后，第三舰队的舰载机迅速升空向其发动了攻击。日军由于没有空军的防空掩护，死伤惨重。美军击沉了3艘日本航空母舰，并给了另一艘航母重创。战斗正酣之际，哈尔西从美军总指挥官处收到加密消息，询问第三舰队的位置。当时，“塔菲3”号的护卫舰和驱逐舰正在被摧毁，而本应担任防御任务的第三舰队却无处可寻。面对眼前已是遍体鳞伤的日本北方舰队，哈尔西被迫放弃斩草除根，指挥战列舰调头往南，增援四面楚歌的第七舰队。但当哈尔西到达时，战斗已经结束，给他留下了不光彩的结局。美军虽然取得了莱特湾海战的胜利，但是以216艘美国军舰和两艘澳大利亚军舰击败了64艘日本军舰，只能称为一场以多胜少的胜利。海战以日本损失26艘军舰、美军损失7艘军舰而告终。

▲ 1944年10月25日，萨马岛海战中，美军野猫战斗机准备从“圣罗”号护航航空母舰上起飞

注定沉没的“大和”号战列舰

1945年4月7日，“大和”号战列舰为阻止美军登陆冲绳，驶上了一条不归路

马克·德桑蒂斯

正午的阳光下，一艘巨舰宛如灰色的巨兽赫然耸立在平静的水面上，虽然并未张开血盆大口吐出炮弹，但咄咄逼人的气场分毫不减。这艘巨舰便是日本七万吨级的超级战列舰“大和”号。该舰是日本帝国海军的骄傲，是日本海军建造的最大的一级战列舰，也是联合舰队的最大一级战列舰，庞大的身躯远远凌驾于其他战舰之上。此时该舰在中国东海以20节的速度向南驶向冲绳。在那里，一支美国舰队驻扎在冲绳海边正在准备登陆。

“大和”号战列舰奉命在冲绳附近使用460毫米口径的巨型炮摧毁美国军舰，并在靠岸后与神风特攻队一起战斗到死。当时神风特攻队的飞行员确实给美国海军造成了难以估量的损失。

冲绳是琉球群岛中的一个岛屿，距离日本的本土只有560千米，是日本抵御美军进攻的最后防线。在此，“大和”号战列舰将如“大和”一词的含义一样把日本的民族性淋漓尽致地展现出来。

然而，“大和”号战列舰永远到不了冲绳了。1945年4月7日中午刚过，在空中盘旋的美国海军战机透过云层的缝隙发现了在冲绳西北400千米外的“大和”号。这些午夜蓝色的死亡天使向“大和”号战列舰和9艘护卫舰宣判了死刑。

▲ 1945年4月7日，地狱俯冲者式俯冲轰炸机发动袭击

▲“天一号作战”开始前的“大和”号战列舰的高级军官

1941年年末，日本超级战列舰“大和”号在海上试航

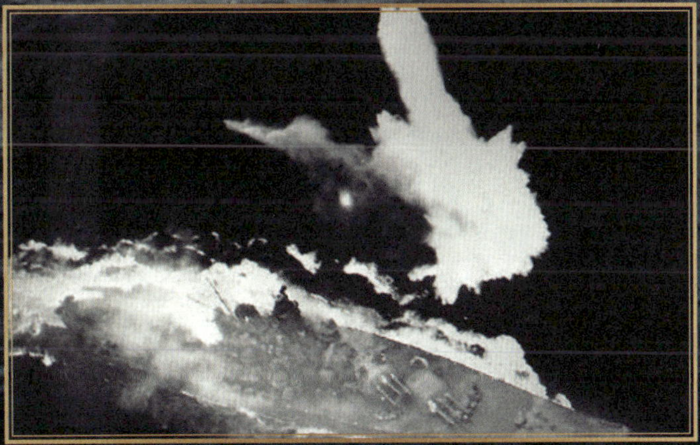

▲ 美国运输机袭击“大和”号

▲ 1941年9月，在船坞维修的“大和”号

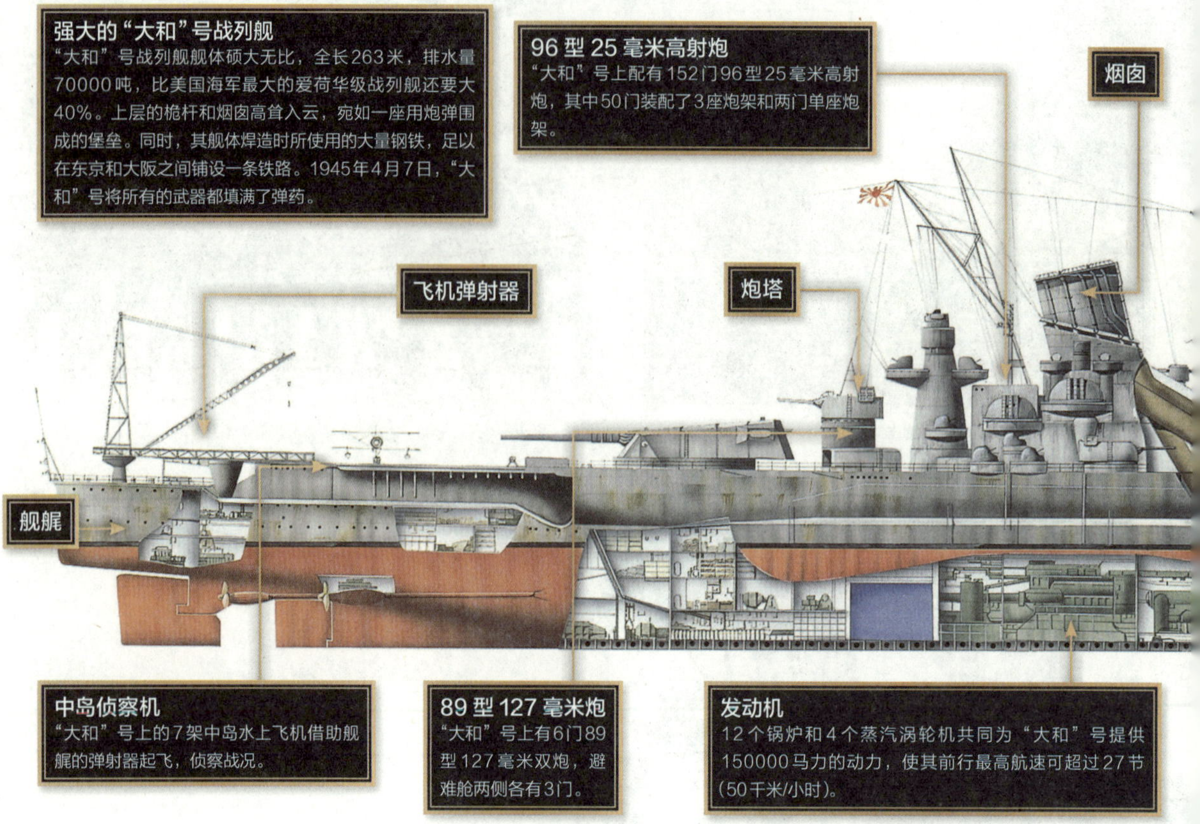

此时在"大和"号的舰桥上正伫立着22岁的雷达军官助理吉田满少尉，他在两年之前应召入伍前还是东京帝国大学的法律系学生，日后将是"大和"号上为数不多的幸存者之一。战后，他为这艘注定沉没的军舰及全舰官兵撰写了悼词。

与神风特攻队飞行员的自杀式袭击相比，被围困的日本联合舰队因在冲绳的无所作为而深感羞愧，想通过一次行动一雪前耻，于是孤注一掷地制定了"天一号作战"。但这基本没有胜利的可能。3月29日，当裕仁天皇向最高海军顾问、海军大将及川古志郎反复询问：海军在哪里？没有更多的舰船了吗？没有水面部队吗？及川深感困窘，因为已有人向他透露日军的绝大多数军舰此时已葬身太平洋底，现有的海军力量无法与美军对抗。4月6日，"大和"号从吴港启航前往冲绳赴死，船员在临行前已做出预言："此次行动将决定日本海军的命运。"

尽管"大和"号超级战列舰的威力惊人，但实战经验有限，比如仅在1944年10月的莱特湾海战与美军进行过短暂交锋。其实，该舰在太平洋战争之后便已过时。航空母舰自1941年12月7日的珍珠港事件后便取代了战列舰，成为海战的新霸主；仅两天后，日本飞机便又击沉了英国

伊藤整一不能理解为何要让舰船和船员白白送死，但并未将这种情绪流露给船员。

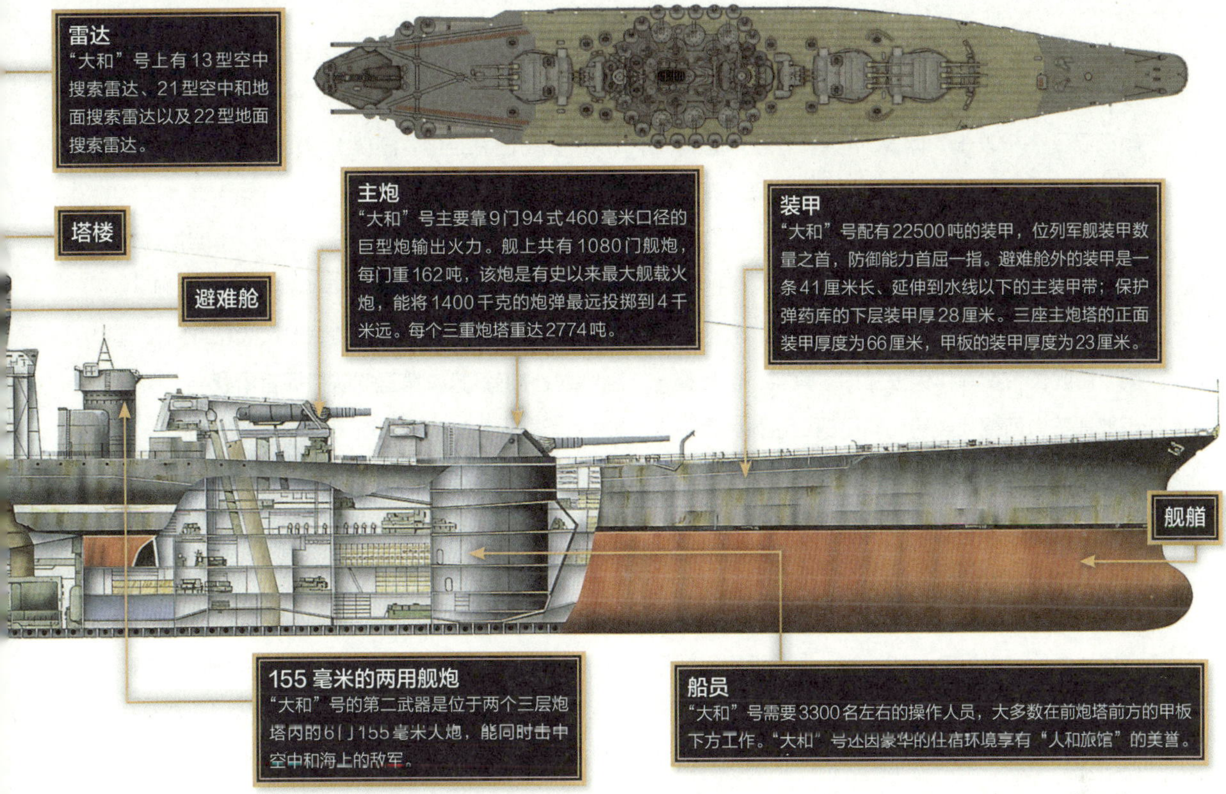

▼ 1945年，地狱俯冲者式俯冲轰炸机在一艘美国航空母舰上空飞过。航空母舰在第二次世界大战时已超越战列舰成为海上的主导力量

上午10点，280架美军战机从10多艘航空母舰上起飞，冲入太平洋铅灰色的云霄，将要与“大和”号决一死战。

皇家海军的“威尔士亲王”号战列舰和“反击”号战列巡洋舰，再度证实了没有空中保护的战列舰极易受飞机攻击。因此，“大和”号一直躲在本土水域，等待着与美国战舰决战，殊不知直至沉没也没等到那一天。

日军海军中将伊藤整一是日本仅存的第二舰队的司令官，而“大和”号即为第二舰队的旗舰，由舰长有贺幸作大佐指挥。其实，伊藤整一不能理解为何要让舰船和船员白白送死，但并未将这种情绪流露给船员。不过，船员们已对“天一号作战”不抱任何幻想，认为必将以沉船告终。事实上，这次自杀式袭击确实荒谬，海军若能侥幸活着到达冲绳，便要马上持枪上岸战斗。许多船员已经做好赴死的准备，提前给家人留下了遗书。

与此同时，美国最强大的第五舰队已经做好了迎战“大和”号及第二舰队的准备。“大和”号的船员得到消息称美国潜艇已发现了他们，但更令他们沮丧的是美军居然没有加密就直接通过无线电将他们的位置通报给舰队其他舰船，似乎完全不把这艘伟大的战舰放在眼里。

“大和”号的船员们吃着饭团，喝着红茶，唱着爱国歌曲，高呼着“万岁”。舰长有贺幸作大佐深受士兵爱戴，一些年轻的军官可以亲切地轻拍他的秃头。一位水兵预测美军飞机就要来了，于是问道：“是哪个国家用飞机击沉了‘威尔士亲王’号航空母舰?”这属于明知故问，但却意味深长。

吉田满少尉正在阅读巴鲁赫·斯宾诺莎的传记，他的同伴上远野佐庆少尉正在阅读托尔斯泰的《战争与和平》，而少尉中谷国雄正埋头于枕上哭泣。“大和”号的助理通信官是一名来自加利福尼亚州的日裔美国人，此前正在日本学习，在战争开始时不幸被困，并参军入伍。就在“大和”号最后一次出航的前夕，他终于收到了母亲从美国寄出并经中立国瑞士中转的来信，这也是他与母亲的最后一次通信。

4月7日上午8时15分，一架从美军“埃塞克斯”号攻击舰起飞的侦察机发现了日本舰队。在接下来的四个小时里，美军对“大和”号及其他军舰穷追猛打。第五舰队指挥官雷蒙德·斯普鲁恩斯上将计划先派出航母战斗机对战神风特攻队，再用一支战舰中队对抗突袭的日本军舰。如此看来，“大和”号在劫难逃。

但斯普鲁恩斯随后便撤回了命令。第58特遣舰队的指挥官兼海军上将马克·米切尔向斯普鲁恩斯保证，他的战机一定会把日本舰队一起解决掉。上午10点，280架美军战机从10多艘航空母舰上起飞，冲入太平洋铅灰色的云霄，将要与“大和”号决一死战。

中午12点，伊藤笑着坐在“大和”号的舰桥上，兴高采烈地说：“我们度过了一个美好的早上，不是吗?”但“大和”号的好运转瞬即逝。20分钟后，“大和”号就探测到了逼近的美军战机。此时的日本舰队完全失去了空中掩护，舰上的高射炮成为唯一的防御武器。在一片烟雾弥漫的海洋中，第一波袭击如约而至。

“大和”号的防空炮及护卫舰展开了防御。但军舰的金属外壁被美军发射的曳光弹点燃，顿时火光冲天，棱柱状的浓烟直入云霄。日本战舰完全处于下风。不仅如此，吉田满少尉意识到，与操作熟练的美军战机飞行员相比，日军飞行员虽训练有素，但只能沿着直线用最短距离飞向美军投掷炸弹和鱼雷，投掷完成后只能匆忙绕道离开，十分被动。此外，美军战机数量众多，导致日本炮兵应接不暇。

"大和"号的副舰长、海军少将森下信卫不禁钦佩美军的战斗能力。"打得漂亮，不是吗？"

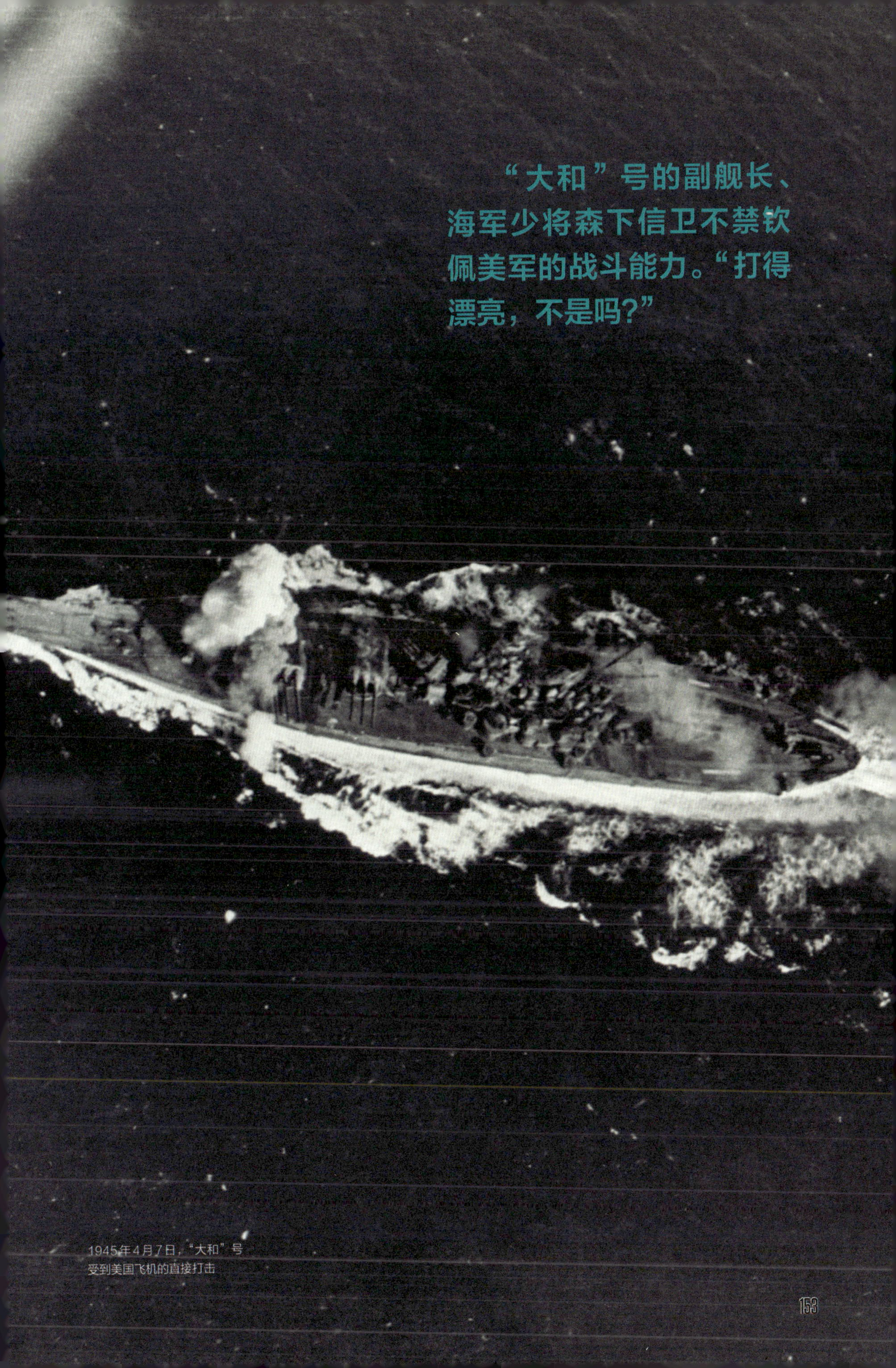

1945年4月7日，"大和"号受到美国飞机的直接打击

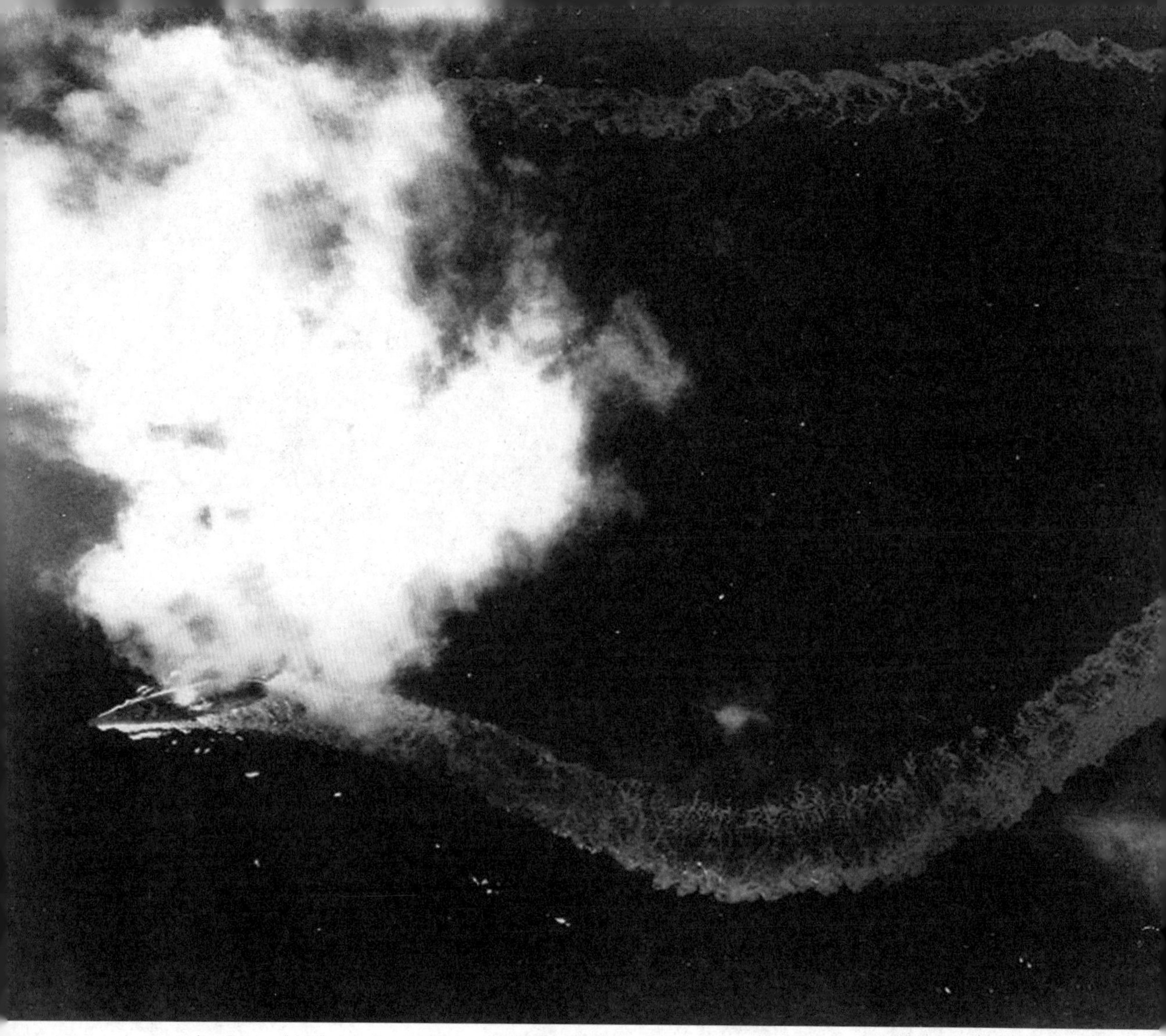

▲ 1945年4月7日，“大和”号在“天一号作战”行动中遭到空袭

美军共派出364架航母舰载机空袭“大和”号及护卫舰。日本第二舰队的“矢矧”号轻型巡洋舰在被7枚鱼雷和12枚炸弹击中后沉没，驱逐舰也遭到美军战机的轰炸。与此同时，美军飞行员也集中火力，用鱼雷攻击“大和”号的左舷，导致舰体倾斜。

在海盗战斗机和地狱猫战斗机的掩护下，一波又一波的复仇者式鱼雷轰炸机和地狱俯冲者式俯冲轰炸机在“大和”号上空呼啸而过。“大和”号的副舰长、海军少将森下信卫不禁钦佩美军的战斗能力。“打得漂亮，不是吗?”他说。“大和”号至少经受了8枚炸弹的攻击，遭受了11到13轮的摧残。无数炸弹如雨点般从天而降。为了使倾斜的舰体恢复平衡，“大和”号试图排出数千加仑的海水，但成效甚微。下午2点10分，“大和”号的方向舵和所有的动力系统完全遭到摧毁，只能一动不动停在海面上。吉田满少尉发现了悬挂在测距仪上的一块细长的人体大小的肉。“大和”号的大部分船员难逃一死。

这时，又一波美军战机袭击了“大和”号。在美国空军肆意地攻击下，伊藤麾下的第二舰队土崩瓦解，大多驱逐舰遭到摧毁。伊藤见“天一号作战”已胜利无望，只得取消了行动，命令剩下的舰艇营救幸存者返航。而后，伊藤回到自己的舱室，关上舱门，永远地离开了这个世界。海水很快淹没了船舱，有贺舰长召集船员，下令弃

“大和”号的金属外壁被美军发射的曳光弹点燃，顿时火光冲天，棱柱状的浓烟直入云霄。日本战舰完全处于下风。

▲ 1945年4月7日，“天一号作战”行动终结

船。但他不打算和船员一起离开，而是把自己绑在一个木桶上，随舰一起沉入海底。

“大和”号舰体此时已倾斜至90度，主炮的巨大炮弹在弹药库中滚来滚去，引信击中了舱壁和舱顶，舰舱爆炸。下午2点23分，“大和”号已彻底底朝天，开始下沉。伴随下沉的还有持续不断的爆炸。由于爆炸过于巨大，升起的蘑菇云在很远处都可看到。

吉田满少尉幸运至极。就在他与“大和”号一同沉入海底之际，最后一波爆炸将他推回了海面，并被“富士”号战列舰从满是油污的海水中救出。“大和”号的残骸最终葬身于水下883米的深海处。吉田战后成了一名银行主管。几年后，他为“大和”号战列舰写下了一首“安魂曲”，称“海军史册将记录下‘大和’号鲁莽又愚蠢的行为”。

日本海军损失了包括“大和”号在内的7艘军舰以及4250名船员，只有3艘驱逐舰幸存下来。而美国海军只损失了10架战机和12名飞行员。当裕仁天皇得知“大和”号沉海时，将手举到头顶不停晃动，难以置信地问道：“没了？没了？”

但冲绳战役并未停止，直至美军在6月底消灭了最后一批日军，才算结束。“大和”号载有3300名船员，只有269人幸存。战死的船员成为冲绳战役的首批受害者，但并不是最后一批。

战舰未来

随着激光武器、轨道炮和隐身装置应用于战舰，
科幻小说正在成为现实

现代战舰

未来的海战

尼克・索尔丁格

真实的海战需要有缜密的军事战略、精确的目标攻击和威猛的火力输出，远非纸上谈兵那般轻而易举。

事实也确乎如此。19世纪末至20世纪初的早期战列舰的舰体和大炮外都披着一层厚厚的钢板装甲，射程可达数千米。至第一次世界大战期间，战列舰正式成为英德海军军备竞赛的主力目标。

到了第二次世界大战，先进的飞机和潜艇逐渐登上了历史舞台，航空母舰取代了战列舰成为舰队的主力。毕竟，航空母舰的舰载机的射程远远大于战列舰的舰炮，看似不费吹灰之力就能把敌方打得落花流水。而战列舰往往用于近战，比如驱逐舰和巡洋舰上的火炮十分精小，装备轻巧，更容易击中目标。

不同类型的战舰可以执行诸如保护其他舰船、驰援赈灾、攻击隐藏在水下的敌方潜艇等不同任务。由于自动化程度的提升有助于缩小船员规模，降低建造成本，配有计算机、无人机和无人驾驶舰船的舰队应运而生。这些舰队不仅可以执行更加艰巨且危险的任务，也极大地缩小了船员规模，最多只需数名船员在舰。与此同时，沉重又昂贵的武器将淡出历史舞台，转而由电磁轨道炮和激光武器取代。

由于自动化程度的提升有助于缩小船员规模，降低建造成本，配有计算机、无人机和无人驾驶舰船的舰队应运而生。

与舰队面对面

今天正在服役的海军战舰类型（* 不按比例尺）

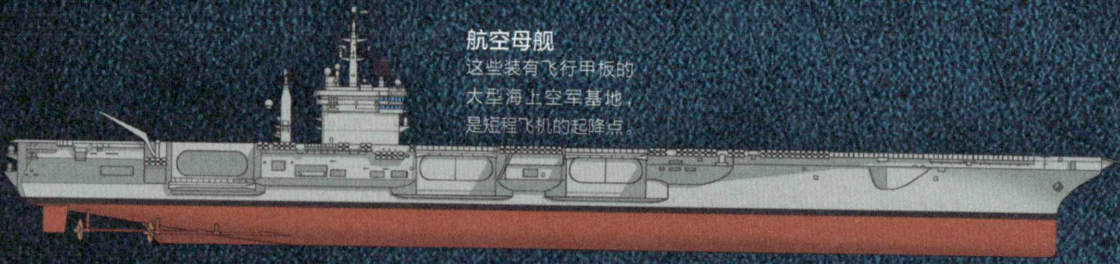

航空母舰

这些装有飞行甲板的大型海上空军基地，是短程飞机的起降点。

巡洋舰

带有导弹系统的巡洋舰在海战中的地位仅次于航空母舰，可将海陆空的敌人都纳入射程之内。

驱逐舰

比巡洋舰略小，行动更加灵活，可以保护舰队。

护卫舰

比驱逐舰更小，可以追捕潜艇，保护军舰和商船队。

轻型巡洋舰

一些靠海不靠洋的国家经常利用轻型巡洋舰进行海岸巡逻。

潜艇

这些沉默的杀手能够发射导弹、监视和侦察敌方的行动踪迹。

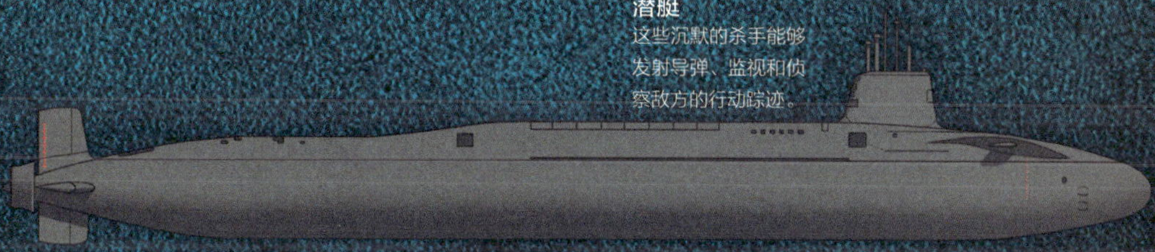

两栖攻击舰

这些舰船可以护送部队及其设备登陆，保障直升机起飞和两栖登陆艇下水。

战舰的未来

2050 年的海军舰队会是什么样的?

年轻的英国科学家和工程师冥思苦想，最终提出了“无畏2050”设计构想。这是一种高速度、高稳定、高效率、高科技的三体船，延用1906年改良后的“无畏”号战列舰命名，以全自动操作为主，只需50或100人在舰。

一方面，就战舰的动力来源而言，可再生能源技术可以为战舰提供不竭的动力，使其可以勇往直前，全球巡航。另一方面，就战舰的武器系统而言，因其装配了最先进武器，火力威力自然不是问题。虽然“无畏2050”设想中的一些技术尚无法实现，但现在可以找到其他技术代替，从而降低战舰的成本和人力。

“无畏 2050”的概念

英国皇家海军构想未来高科技战舰

航母的飞机库可以运载无人机和直升机

浸没式艇库

浸没式艇库位于飞行甲板及无人机机队的下方，里面有探测海底地雷的无人机，以及运送部队往返海岸、执行袭击任务的两栖舰船等不同的飞机和战舰。只要在海上打开艇库大门，海水便会喷涌而入；等到库里海水没过低水位线，就为战舰启航和归航提供了可能；等到艇库大门关闭后，库内地板上的“月亮池”或小孔也可用于投放潜航器。

全息指挥中心

指挥官将在3D全息指挥平台上进行指挥。该平台位于战舰中心的作战室中，指挥官可以旋转并放大全息图，近距离观察数千英里外战场的指定区域；2D多功能显示器可以实时呈现战场和传输数据；战舰360度全景以及其他信息将呈现在类似“谷歌眼镜”的墙壁上，而曾经对着地图、用模型船指挥作战的日子将一去不复返。

这是一艘高速度、高稳定、高效率、高科技的三体船。

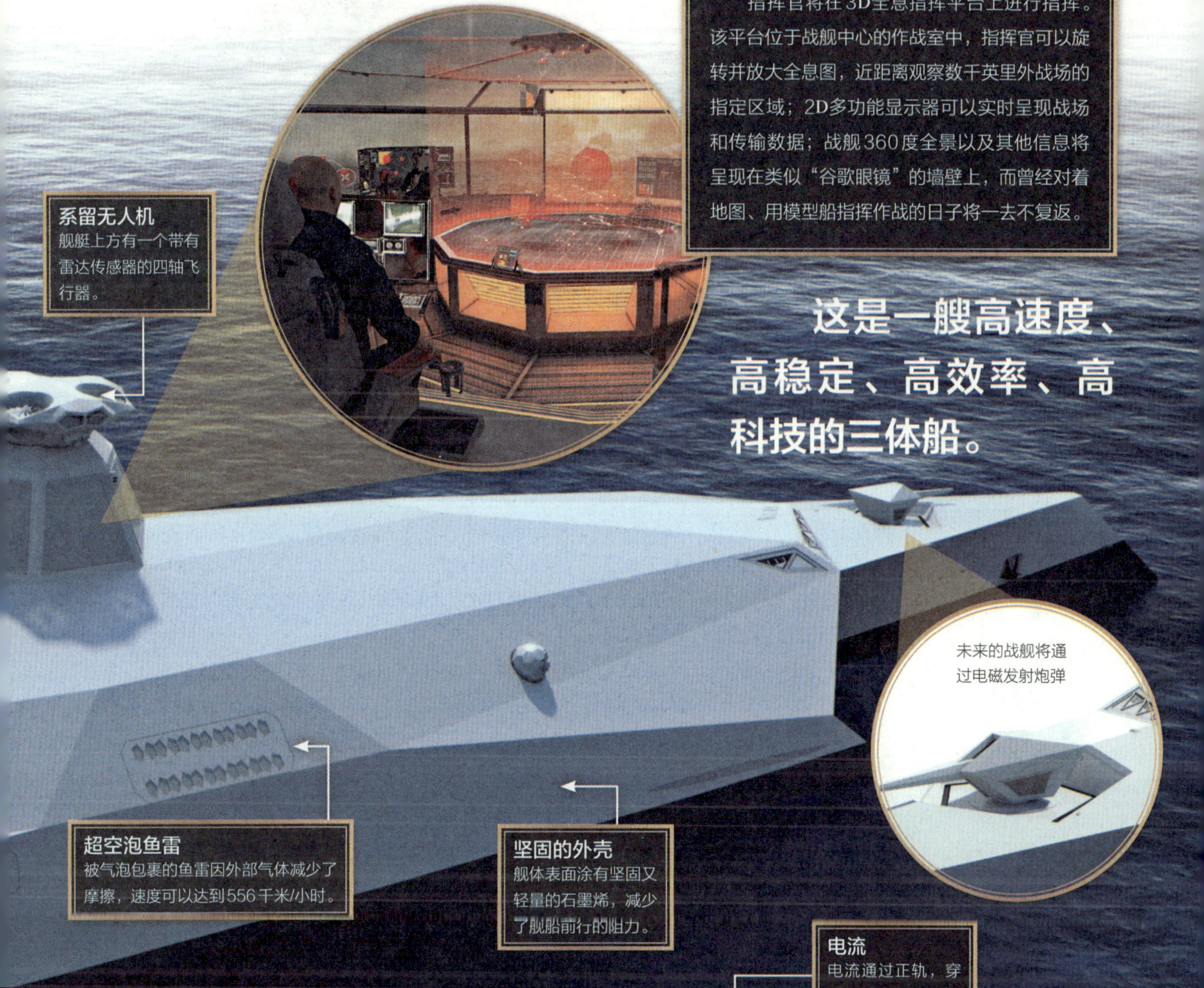

电磁轨道炮

位于舰艏的高能轨道炮利用电磁效应而非传统的化学火药爆炸。目前美国海军的磁轨炮原型机靠动能驱动，前进速度可达7马赫(8644千米/小时)。

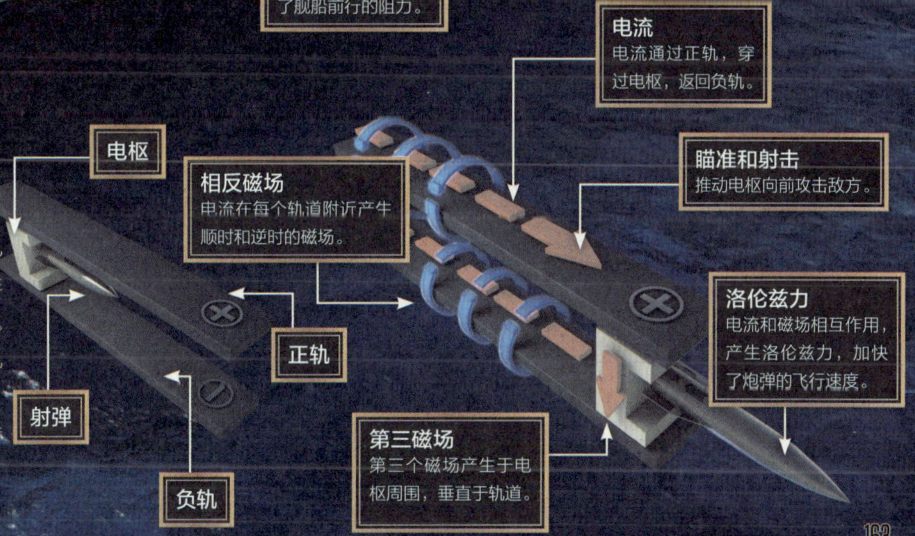

次时代航空母舰

与美军主力舰队面对面

航空母舰通常是一个国家海军的主力，用于在全球范围内投放空中力量。美国海军目前拥有10艘大型核动力超级航母，并在2016年已开始进行升级。如新增了第一艘福特级航空母舰“杰拉尔德·福特”号航空母舰（又称“CVN78”）。该舰与其前身尼米兹级航空母舰大小相似，但是是第一艘完全使用3D计算机建模设计的航母，因而更加轻便、成本更低、攻击性更强。

随着自动化程度的提高，舰上的船员人数也减少到500人至900人。同时，舰上首次安装了空调，使船员的海上生活更加舒适。

▲“杰拉尔德·福特”号航空母舰的指挥中心坐落在甲板上

这是第一艘完全使用3D计算机建模设计的航母。

该舰吨位超过
90000吨
相当于
400尊
自由女神像

仅粉刷用的油漆
就需要大约
200000
加仑
足够粉刷白宫
350次

舰上的电缆长达
1000
万英尺
是美国到达
国际空间站
距离的
8倍

舰上飞行甲板每天可供
220架飞机
起飞
比尼米兹级航空母舰多
25%

通过减少舰船服役期间的
人员配备和维护，可节省
40多亿
美元

该舰最重的部件重达
1026磅
相当于
6架波音747
喷气式飞机
的重量
由一台重达
1050
吨的“蓝色巨人”
起重机吊起

无声潜艇

战斗中无法探测到的“黑洞”潜艇

无声潜艇在陆地上非常显眼，但改进后的基洛级潜艇在深海中却难寻其踪，北约因其低噪声和难于探测而将其称为“黑洞”。该潜艇虽重达4000吨左右，但时速可达37千米，最多可在水下停留45天。

潜艇靠近敌人后，可向水面上的敌人发射8枚红外制导的地对空导弹，也可在水下向敌人发射智能水雷。潜艇上的传感器可以扩大探测范围、监测数据，并根据计算机提供的射击参数，计划下一步行动和武器部署。自2016年年底以来，6艘基洛级隐形潜艇一直在黑海执行巡逻任务。

▲ 目前，俄罗斯共有6艘改进型基洛级潜艇，“奥斯科尔”号是其中的第三艘

无人驾驶舰船

无人驾驶舰船在高风险任务中营救船员

无人机已被应用于军事作战，无人驾驶舰船投入实战只是时间问题。

英国皇家海军目前正在研发改良刚性充气无人艇，旨在保护水手免受伤害的情况下，执行复杂的监视和侦察任务。船上有导航雷达、多部360度红外摄像机和激光测距仪等传感器，保障舰船既能躲避撞击，还能自主驾驶操纵。该船在服役期间将为伊丽莎白女王级航空母舰保驾护航。

美国海军也在开发类似的无人驾驶舰船，美国国防部高级研究计划局甚至还计划研发借助人工智能和传感器搜寻敌人的“持续追踪反潜无人舰”。

PBY“卡特琳娜”水上飞机加强版

美国海军将科幻小说引入到现实世界，研发出一种可以瞬间炸毁目标的激光枪。目前人类还无法用激光武器攻击外星人，但激光武器系统在海上的成功试射已证明它能够炸毁无人机和小船上的移动目标。美国“庞塞”号航空母舰已装备了激光武器，即将六个商业激光器焊接在一起，攻击力是手持激光笔的3000万倍。人们甚至可以用Xbox的手柄操作，便将敌方一举歼灭。激光武器系统不仅精准度高，成本也较为低廉。一枚传统导弹的成本可以高达200万美元，相比之下激光武器每次点火的成本仅需59美分。

▲ 美国“庞塞”号航空母舰上的激光武器系统可抵御无人机的攻击

远程工作
刚性充气无人艇可在母舰40千米外连续工作12小时。
复杂的任务
可用于巡逻、监视、侦察、保护舰队中的大型舰船。
最快速度
时速71千米。
操作灵活
既可在既定的航线上自主驾驶，也可由陆地上的船员或母舰进行远程操控。
改进版
24型刚性充气无人艇是24型载人刚性充气艇的改进版，服役于英国23型护卫舰和45型驱逐舰。
BAE SYSTEMS
LOWRANCE

美国海军目前拥有68艘现役潜艇。

超级潜艇

技术推进了海战的发展

▲ 波音公司的无人潜航器“回声航行者”(Echo Voyager)

目前，每天都有数百艘潜艇在世界各地巡航，执行重要的秘密任务。这些战舰曾在第一次世界大战期间亮相并广为应用。随着多艘英国的补给舰被德国的U型潜艇摧毁，海战格局就此改变。

海军习惯称潜艇为“小艇”(boat)而非“大船”(ship)。在人类发明并使用人力驱动舰船的漫长岁月后，潜艇才得以发明。今天，大部分潜艇使用柴油机电力推进装置或核反应堆推进前行。前者利用柴油发动机驱动螺旋桨，浮出海面后可为电池充电；下潜后再利用充满电的电池为电机提供动力，带动螺旋桨旋转，推动潜艇前行。

常规动力潜艇需要定时为电池充电，或为发动机补充燃料，因而航程受限。所以，海军更喜欢核动力潜艇，即通过核裂变产生热量生成蒸汽，进而带动涡轮机和螺旋桨运转。相应地，核动力潜艇也可在水下停留数周时间。

无论大国还是小国的海军，都将潜艇作为海战的重要工具。目前，每天都有各国潜艇在漆黑晦暗的水中前行，执行跟踪敌舰、发射导弹、收集情报等任务。就类型而言，潜艇一般分为用于搜索和摧毁敌舰的攻击型潜艇，和用于攻击陆基目标的弹道导弹型潜艇。比如，美国海军目前拥有68艘现役潜艇，其中54艘都是攻击型潜艇。

当然，潜艇的应用并不限于军事领域。比如，在科学研究方面，由于潜水员无法到达深海，潜艇便派上用场，为海洋环境研究做出了不可磨灭的贡献。

近年来，随着新型无人潜航器问世，船员可以在岸上或舰船上操控无人潜航器执行更为危险的水下任务。这些潜航器虽然体积小、航程短，但在未来将代替我们目前所知的所有潜艇。

▲ 英国皇家海军“敏捷”号核潜艇发射了一枚巡航导弹

潜艇：深度

水下舰艇发展史的重大里程碑

德雷贝尔

荷兰工程师科内利斯·德雷贝尔设计建造出世界上第一艘潜艇。它采用木制框架，外面包有严实防水的油皮罩，并通过空气管输送氧气。

“海龟”号

美国独立战争期间大陆军建造的潜艇，也是第一艘有文献记录用于战争的潜艇。“海龟”号潜艇企图炸毁英国皇家海军“老鹰”号战舰，但驾驶员发现无法向“老鹰”号船体投掷炸弹。

“鹦鹉螺”号

由美国发明家罗伯特·富尔顿受拿破仑委托研发的潜艇，用于对付英国。它在水上采用折叠桅杆，使用风帆前进，水下则采用手摇螺旋桨推进器前进。

“潜水员”号

“潜水员”号是第一艘非人工推进的潜艇，依靠发动机压缩空气提供前进动力，并计划装配撞锤和鱼雷。但最终未能通过试验。

美国“霍兰”号

爱尔兰工程师约翰·菲利普·霍兰设计的潜艇首次使用电动机和内燃机提供动力，后被美国海军购买收编。霍兰也被誉为“现代潜艇之父”。

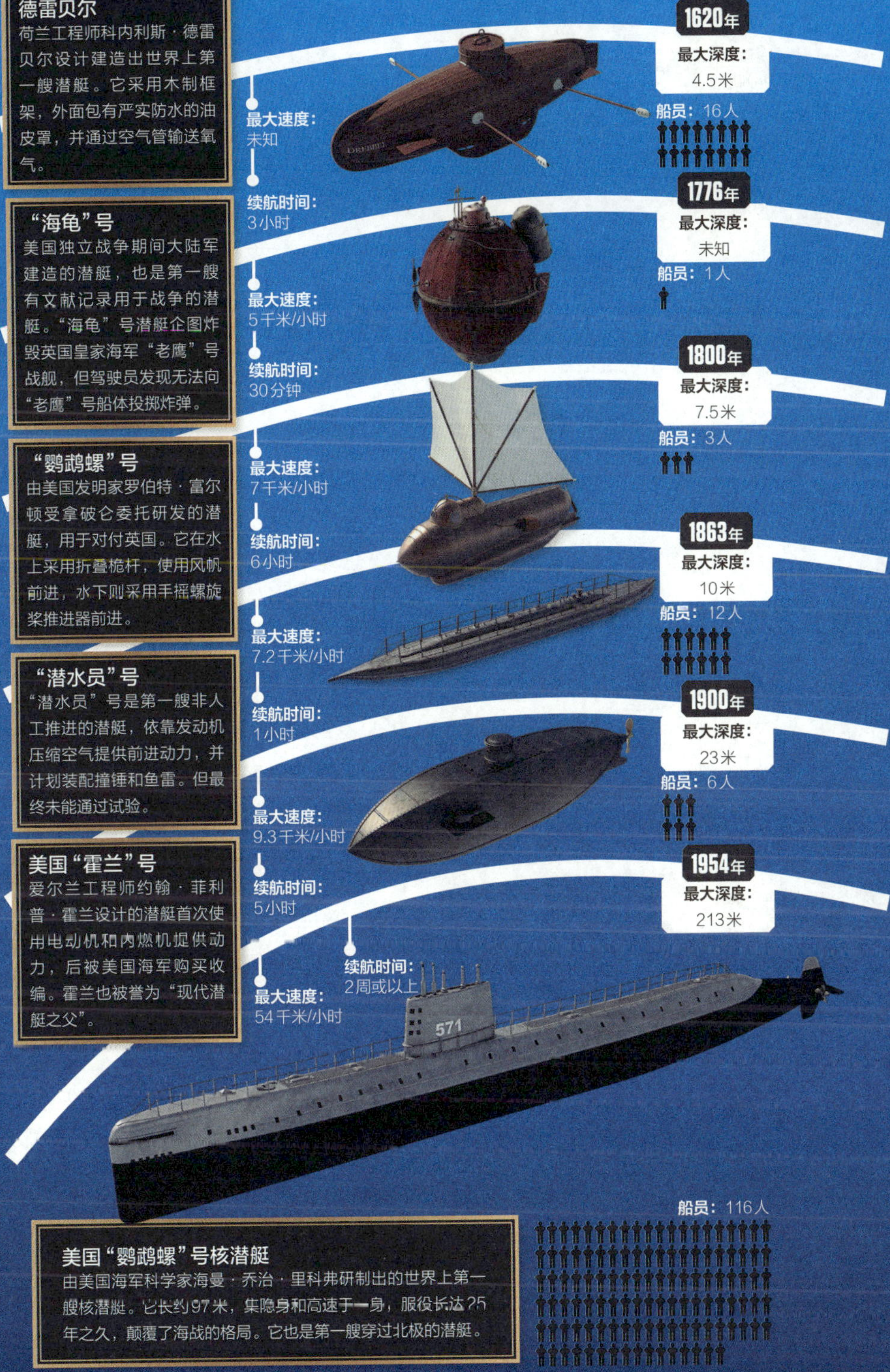

美国“鹦鹉螺”号核潜艇

由美国海军科学家海曼·乔治·里科弗研制出的世界上第一艘核潜艇。它长约97米，集隐身和高速于一身，服役长达25年之久，颠覆了海战的格局。它也是第一艘穿过北极的潜艇。

潜艇里的生活

船员如何在水下数百米生存

潜艇中的船员需要和百余名同伴一同在狭窄的环境中生活数月，这对其身心都有较高的要求。过去，他们在执行任务期间无法与外界沟通；如今，他们已经可以与家人收发电子邮件。

当然，人类的身体并不适合在水下生活，为此一些智能技术应运而生。比如，为了保护船员免受水的巨大压力，在潜艇外层船壳的基础上安装了坚固的内壳，同时流线型的设计也可减弱水压对舰体的损坏。

此外，潜艇可以利用加压罐供应氧气，也可以利用电流将海水分解成氢气和氧气，而洗氧器可将二氧化碳捕集在钠石灰装置中，如此便能吸收船员在艇上呼出的二氧化碳。潜艇还可生产淡水，即通过加热海水，去除其中的盐分，冷却并冷凝后获取饮用水。

深潜救生艇

潜艇一旦受损或爆炸，便会发射浮标，显示其位置。此时便需深潜救生艇出场。深潜救生艇是一种可用卡车、飞机、舰船或其他潜艇运载的小型潜艇，可在受损潜艇周围水域使用声呐搜索并锁定舱门，进而形成密闭气道，打开舱门进行营救。届时船员将分为24人一组搭乘救生艇逃生。

▲美国海军“神秘”号深潜救生艇装备在“拉贺亚”号攻击型核潜艇上

浸没式舱库

探究现代潜艇的动力来源

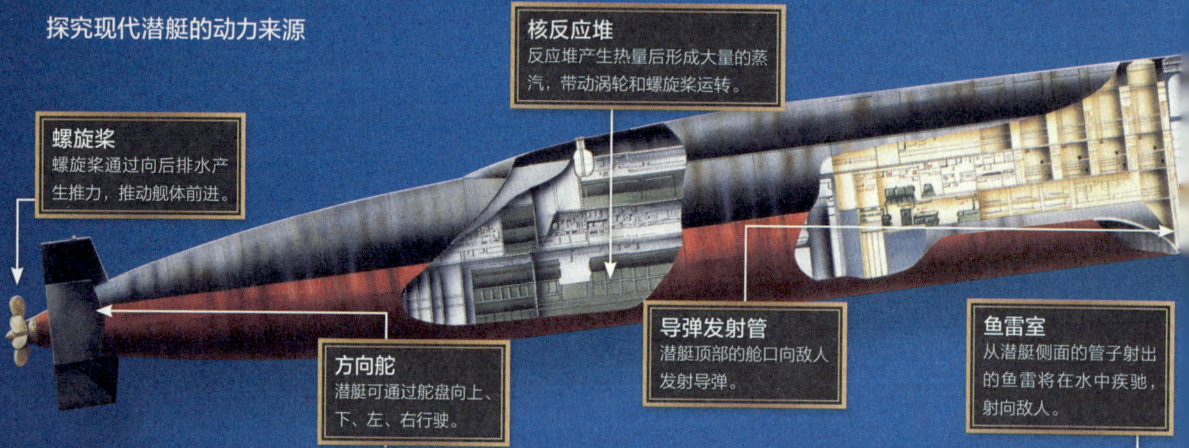

潜水原理

潜艇内外壳之间的压载水舱可以控制排水量。当重量小于排水量时，潜艇因浮力增大而上浮；当重量大于排水量时，潜艇因浮力减小而下沉；若想在同一位置保持不动，就需要准确计算压载水舱中水和空气的比重，使潜艇的密度与周围水的密度相同。

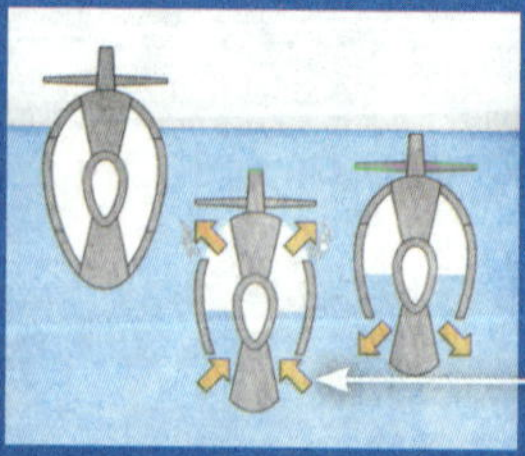

人类的身体并不适合在水下生活，为此一些智能技术应运而生。

▲“伏击”号核潜艇返回母港克莱德基地

水下航行

光线基本无法照到水下200米处，所以潜艇无法靠光线导航，需要启动惯性制导系统，借助陀螺仪和加速计推测行动轨迹、计算潜艇的航程，但这些数据必须定期重新校准，以保证潜艇一直在航道上行驶。全球定位系统（GPS）、无线电和雷达卫星导航系统在水面上可以轻松完成任务，但到了水下则需借助声波导航和测距声呐，识别洋底的特征后测绘出目前所在位置。

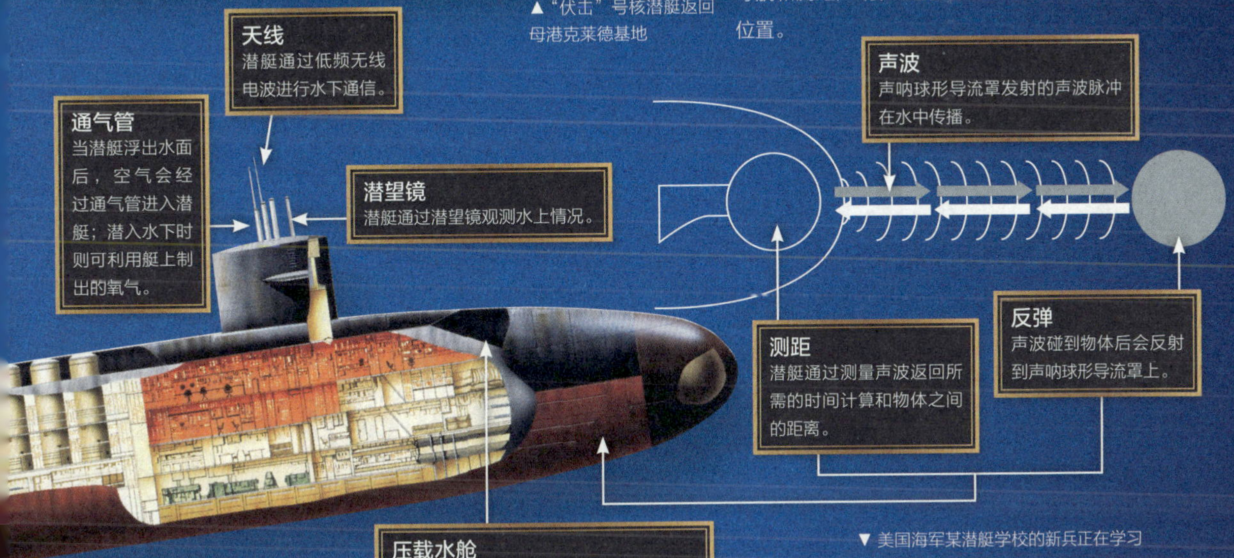

▼ 美国海军某潜艇学校的新兵正在学习

未来的潜艇

未来的潜艇会是什么样?

未来的潜艇可能是超声速、无人驾驶，也可能采用了其他的新技术。事实上，瑞典的国防和安全公司萨博正在为瑞典海军建造两艘新型超级隐形A26级潜艇，同时开发新的技术。海岸沿线的情报收集和监视工作是海战的两个重要组成部分，而采用真正整体隐形（GHOST）技术的潜艇基本无声，可在不被敌方发现的情况下进入浅水区。

负责研制A26级潜艇的经理佩尔·尼尔森指出：“A26级潜艇更加安静，先进的传感器能够探测和记录水中发生的一切，同时还开发了许多新功能。例如在艇艏设置了能够执行多种任务的舱室，可以运载潜水员、小型载人或无人驾驶的舰船。这将是一个顶级的情报收集平台。”

幽灵潜艇

瑞典海军的新型高科技潜艇可以在水中隐形

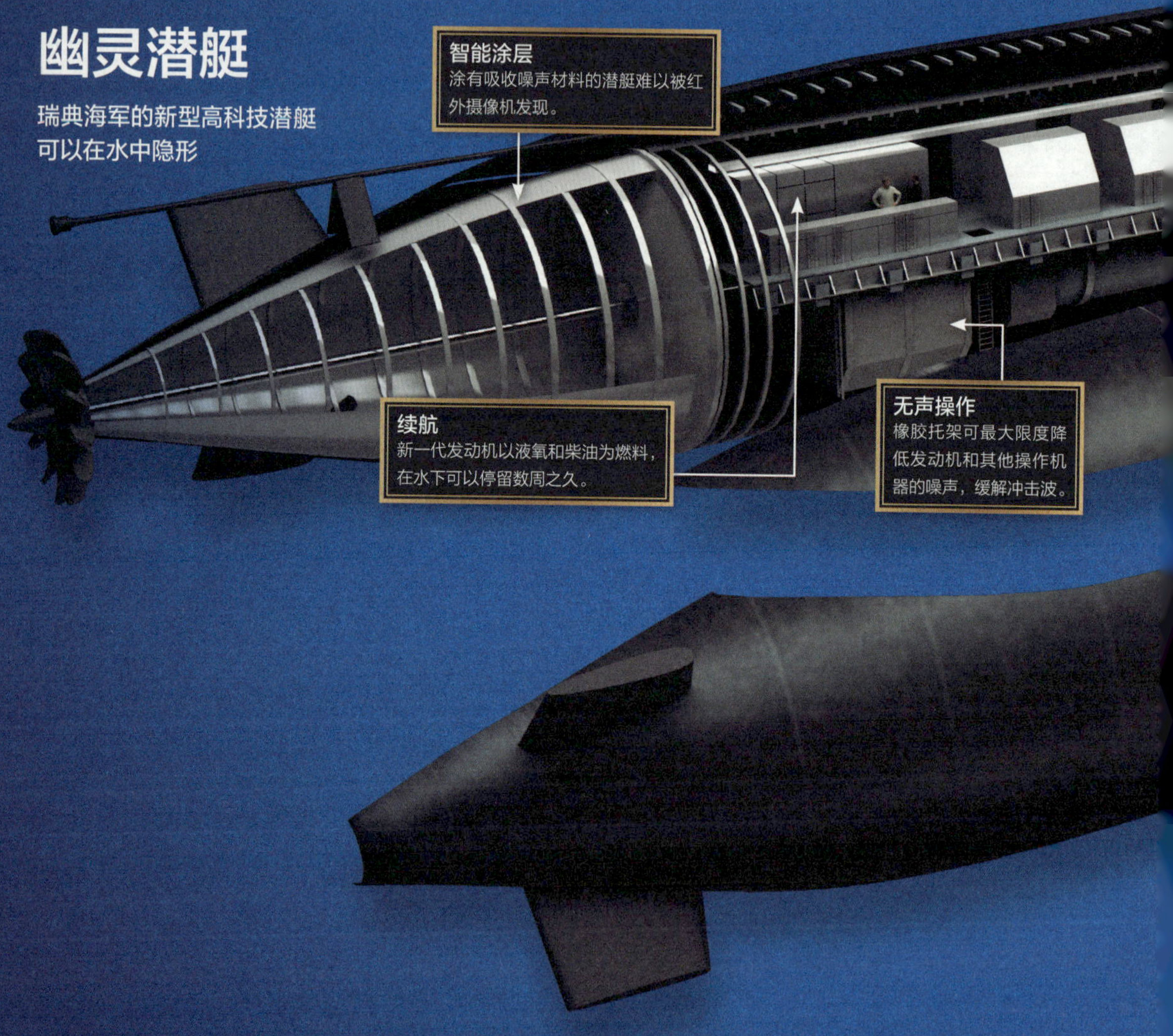

▲ A26级潜艇的最大航速为22千米/小时，可在海下停留45天

探索海洋

高科技潜艇并非世界海军和科学家的专利。如“DeepFlight”公司便发明了一种私人潜水艇——潜航超级猎鹰2号。人们无需太多的培训便可驾驶其潜入海底，最深可至水下120米处。艇上可以运载驾驶员和乘客两人，同时因其构造十分小巧，也可装备在标准的游艇上一起去世界各地潜水。一旦在水下遇到危险，潜艇会自动返回水面。

▲ A26级潜艇长62米，重约1800吨

▲ 在未来，A26级潜艇可在零下2℃的水中运行

▲ 潜艇的艇艏可投放并接收潜水员以执行秘密任务

造舰计划

一窥英国皇家海军不断革新舰队的路线图

迈克·詹宁斯（Mike Jennings）

英国皇家海军可以在自然灾害期间提供人道主义援助，也可以保护英国的贸易利益并维持其与别国的关系。

数百年来，英国皇家海军以强大的实力闻名于世，这一名声与地位很难撼动。即便如此，英国皇家海军仍在不断探索对现有船队的现代化改造。虽然费用高、耗时长，但他们深信新型26型护卫舰和31型护卫舰维持了英国海军在全球领先的地位，所以此举是必要且成功的。领先地位不仅仅体现在英国皇家海军的武器装备上，还体现在其可以在自然灾害期间提供人道主义援助，也可以保护英国的贸易利益并维持其与别国的关系上。总之，发明新型舰艇成为英国在接下来几十年里的重大任务之一。

今天，英国皇家海军的驱逐舰等舰船可前往世界各地执行任务。其中，护卫舰运载的人数最多，几乎能完成所有任务，是英国皇家海军名副其实的主力军。

除此之外，英国皇家海军还会建造一些后援舰艇，如油轮、巡逻艇、“百眼巨人”号大型医疗船等。这不仅意味着英国皇家海军将要建设一支庞大多样的舰队，还要掌握最新技术，这样才能保持其在世界海军中的领先地位。

这也是新型26型护卫舰和31型护卫舰的用武之地。英国皇家海军目前计划用杜克级护卫舰代替现有的23型护卫舰。

英国皇家舰队对于改造舰艇已计划良久。早在1998年，新型26型护卫舰就已经有了多种设计雏形。至2010年，事情取得了突飞猛进的进展。在政府国防审查中，新型26型护卫舰脱颖而出，被誉为全球战斗舰。英国国防部计划为英国皇家海军制造军舰并将其出口到其他国家。仅将这些舰船编入舰队就需花几十年时间，所以任

▼ 分别建造的舰桥等零件吊起后安装在舰体上

▲ 建造护卫舰需要专业技能，英国皇家海军为此与英国宇航系统公司、巴布克造船集团和劳斯莱斯动力工程等公司签订了合同

▼ 通信桅杆在威尔士制造

何事情都来之不易。

目前，英国国防部计划建造8艘26型护卫舰，其中两艘正在建造中，一艘已经订购，另外5艘计划将在几年内完工。同时英国皇家海军以26型护卫舰为原型，为澳大利亚皇家海军和加拿大皇家海军开发了新型舰艇，并与巴西和新西兰的海军展开了合作。

打造新型舰船

26型护卫舰是两种新型舰艇中舰体更大、成本更高者，可以执行英国皇家海军部署的各种任务。采用模块化设计的新型舰艇在建造时可适配不同的装置，安装新部件也更加容易。

新型26型护卫舰将装配3D搜索雷达，48个防空导弹、反潜火箭、反舰导弹、其他导弹的发射系统以及能够隐藏行踪的消声外壳，同时还采用了许多新兴技术，比如声呐基阵、舰炮、燃气轮机，甚至还有顶尖的梅林反潜直升机和野猫武装直升机。

舰艇的配套部件数不胜数，有城市母舰之称的26型护卫舰长149.9米，排水量为6900吨，满载排水量可达8000吨以上，并有一个半足球场那么长，重量几乎与埃菲尔铁塔相当，可航行7000海里（约13000千米）。其标准船员人数为157人，最多可承载208人。

第一艘26型护卫舰以其产地格拉斯哥命名，第二艘和第三艘护卫舰分别命名为“加的夫”号和“贝尔法斯特”号，并且计划此后的5艘护卫艇都以英国其他城市命名。新创的模块化设计已初见成效，如英国为澳大利亚建造的猎人级舰艇比英国现有舰艇更重，搭载船员更多，武器系统也更加丰富；而为加拿大建造的水面作战船舰比另外两艘稍长一点，装备有不同的传感器系统和武器，运载的船员也更多。

31型护卫舰比26型护卫舰短约10米，重量更轻，配备的船员（大约百人）及武器装备也更少，但其速度更快，射程更远。当然，舰船造价自然不菲。英国皇家海军、英国国防部和英国政府针对设计和预算进行了长时间讨论，但费用仍然高得惊人。2017年第一批订购的3艘26型护卫舰耗费37亿英镑（约49亿美元），平均每艘船的价格超过了10亿英镑（约13.5亿美元）。较小的31型护卫舰也要耗费约2.5亿英镑（约3.4亿美元）。

建造过程

毫无疑问，26型护卫舰和31型护卫舰令人叹为观止，但其造价高昂，建造过程也更加复杂。为了满足专业设备和技术上的需求，英国方面还聘请了专业的造船公司。26型护卫舰正在由英国宇航系统公司建造，由包括劳斯莱斯在内的40多家供应商生产部件，创造了3000多个就业岗位。

第一艘26型护卫舰由英国宇航系统公司在位于格拉斯哥的船段组装厂房中建造完成。该舰

造船流水线创造了3000多个就业岗位。

采用模块化设计，即先分块建造巨大的船体，再组装在一起，形成舰船的前半部和后半部——航海术语分别是“舰艏”和“舰艉”，接着在舰上安装所有的管线。“格拉斯哥”号的框架便基本建造完毕。

框架完成后，起重机会把烟囱、桅杆和舰桥吊起，固定在“格拉斯哥”号的舰体上。随后，“格拉斯哥”号便从船台转移到浮动驳船，再由驳船拖入克莱德河。下水后，“格拉斯哥”号会沿着克莱德河来到英国宇航系统公司旗下的斯高顿船厂，继续进行舣装工作，并完成剩下的工程。第一艘26型护卫舰计划于2025年交付给英国皇家海军，2027年投入使用。第一艘31型护卫舰也计划于2027年开始使用。

造船场地

英国宇航系统公司位于格拉斯哥，其高文厂的船段组装厂房承担了26型护卫舰中的大部分外建工程。英国宇航系统公司在高文厂和斯高顿船厂耗资1亿多英镑（约1.35亿美元）购置建造设备。其中，高文厂用专门的设备建造了26型护卫舰的各个模块，如“舰艏”和“舰艉”便是分开建造的。两部分建造完成后再在室外巨大的场地进行组装，最后安装烟囱、桅杆和舰桥。可以说，26型护卫舰三分之二的建造工程都是在室外完成的。

▲ 第一艘26型护卫舰在格拉斯哥的英国宇航系统公司出厂完工

建造战舰

建造护卫舰十分复杂

01 逐块建造
各部分模块建造后，将组装成舰上的各种舱室、设施和设备。

02 联合建造
模块拼装在一起形成“舰艏”和“舰艉”。它们将离开格拉斯哥的造船厂房，到达其他厂房。

03 舰桥建造
26型护卫舰的主要舰体与组件（如舰桥和桅杆）存放在造船厂房外。

04 连接安装
“舰艏”和“舰艉”被连接在一起，随后桅杆、舰桥和烟囱等部件也由起重机吊起安装在舰上。

05 入水
“格拉斯哥”号从船台移到浮动驳船后，驳船会将其拖入克莱德河，再运到另一座船厂进行内部组装。

▲ 31型护卫舰与26型护卫舰采用分模块建造方法

31 型护卫舰的创新之举

31型护卫舰与26型护卫舰都采用分模块建造，这样既能随时调整和升级设计，还能出售部分舰体，这是英国主要的造船方法。较小的舰船产自巴布克国际集团，此集团正耗资5000万英镑（约7000万美元）打造一个新的场地来建造舰船。自行式运输机把这些独立的舰船模块传送到新场地，利用起重机移动到合适的位置组装船体。完工后的船体会在室外进行桅杆、舰桥和其他部件的安装。

探索新护卫舰

新护卫舰的硬件设备令人震撼

中小型舰船

26型护卫舰和31型护卫舰上都有一个飞行甲板，但后者只能运载较小的直升机。

相同特征

26型护卫舰和31型护卫舰的正面都设有舰桥、指挥室和舰炮。

飞机库

这两艘新船都有灵活的任务舱和飞机库，只是31型护卫舰上的更小一些。

尽在掌控

开放式的舰船拥有驾驶台和操作室指挥，方便日后升级。

声呐

舰艏安装可扫描周围数英里海域的潜艇声呐探测系统。

直击目标

这门12.7厘米口径火炮的射程为20海里（37千米），未来可使用智能弹药。

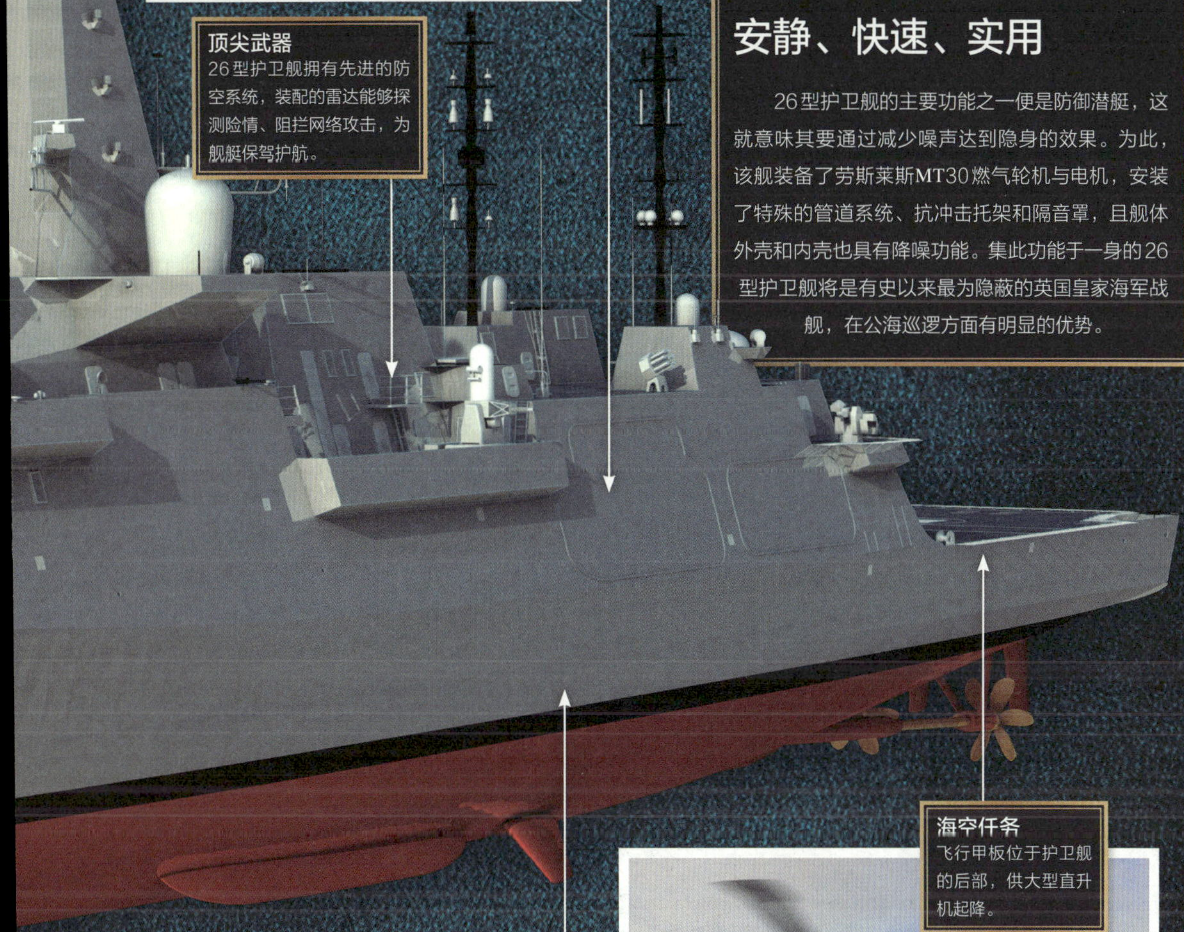

领先世界的多功能
从舰船、车辆到救灾物资，所有装备都可存放在任务舱中。

顶尖武器
26型护卫舰拥有先进的防空系统，装配的雷达能够探测险情、阻拦网络攻击，为舰艇保驾护航。

▲ 6.5吨的涡轮机与电动机、柴油发电机搭配使用

安静、快速、实用

26型护卫舰的主要功能之一便是防御潜艇，这就意味其要通过减少噪声达到隐身的效果。为此，该舰装备了劳斯莱斯MT30燃气轮机与电机，安装了特殊的管道系统、抗冲击托架和隔音罩，且舰体外壳和内壳也具有降噪功能。集此功能于一身的26型护卫舰将是有史以来最为隐蔽的英国皇家海军战舰，在公海巡逻方面有明显的优势。

海空任务
飞行甲板位于护卫舰的后部，供大型直升机起降。

无声航行
劳斯莱斯燃气轮机和柴油发电机共同为护卫舰提供动力，舰体的设计则可以减少噪声。

问答：26型护卫舰的负责人、高级军官保罗·马歇尔少将将为我们解答战舰对于英国皇家海军的意义

问：26型护卫舰和31型护卫舰将如何融入皇家海军现有的舰队？

答：体型更加庞大的26型护卫舰是一艘先进的反潜战舰，能够保护英国战舰免受潜艇的袭击，执行打击海盗、救灾工作以及提供人道主义援助等任务。

26型护卫舰计划服役25年，时间之久将使其成为21世纪60年代英国皇家海军舰队中重要的一员。

主力战舰31型护卫舰可抵御侵略、维护英国的利益、向需要帮助的人伸出援手。为了缓解其他舰艇的工作压力，31型护卫舰能够自由灵活地完成专业任务。不过，其并不具备26型护卫舰的反潜功能。

问：26型护卫舰下水时会配备什么武器？未来又会增配哪些武器？

答：26型护卫舰可以根据不同的环境灵活调整作战武器。“格拉斯哥”号装备了最新的“海洋感受器”防空导弹系统（“海受体”系统）和12.7厘米中口径舰炮。

此外，26型护卫舰还可以搭载梅林反潜直升机和野猫武装直升机。野猫武装直升机将安装两种未来反水面目标制导武器，而26型护卫舰将装备可以灵活部署武器的MK-41垂直发射系统，其中可能就有下一代舰载攻击武器。这样，26型护卫舰在操作和升级时就有更多的选择。

这很重要，因为这将使潜艇在服役期间可随时更新系统，从而应对未来的各种威胁。

问：“格拉斯哥”号上的生活设施如何？

答：26型护卫舰与英国皇家海军的所有战舰一样有医务室和病房。舰上的许多人员都接受过急救培训，同时会根据不同的任务配备相关专业的医疗人员，保证随时都有充足的医疗设备和医护人员。此外，舰上有一个健身房，里面有举重和有氧运动的设备，以及为船员提供健康饮食、具体训练计划及体能指导的教练。

船员的宿舍配备了有电视和游戏机的娱乐区，以及可以聚会的社交区，还有一间图书室。此外还可收听英国三军广播。

“格拉斯哥”号装备了最新的“海洋感受器”防空导弹系统（“海受体”系统）和12.7厘米中口径舰炮。

英国皇家海军的历代舰船

“胜利”号

船型：战列舰

纳尔逊在特拉法尔加海战中的旗舰“胜利”号在英国皇家海军中最为出名，如今停靠在朴茨茅斯。

“皇家主权”号

船型：战列舰

这艘14150吨的军舰是当时世界上最大的军舰，但最终成为废品。

1511年 1637年 1765年 1820年 1891年 1906年

“玛丽·罗斯”号

船型：克拉克帆船

亨利八世的舰船“玛丽·罗斯”号服役了33年，最终在怀特岛附近沉没。

“海上君主”号

船型：战列舰

这艘被荷兰人称为“金色魔鬼”的可怕舰船，在英王查理一世加大火力输出的要求下，成为第一艘装备了三层炮台的舰船。

“小猎犬”号

船型：双桅纵帆船

这艘考察船因曾搭载博物学家查尔斯·达尔文环游世界而闻名。

“无畏”号

船型：战列舰

这是当时航速最快、武装最精良的战舰。凡是受到它攻击的舰船，都难逃一劫。

“厌战”号

船型：战列舰

这艘舰艇经过多次现代化改造和一次顶尖设计，相继在两次世界大战中服役，其为伊丽莎白女王级战列舰，航速可达23节。

1913年

“胡德”号

船型：战列巡洋舰

这艘著名但有缺陷的战舰于1941年被德国“俾斯麦”号战列舰击沉。

1918年

“厌战”号

船型：战列巡洋舰

作为英国皇家海军的第一艘航空母舰，该舰以常规巡洋舰为原型，用飞行甲板代替了前炮塔。

1918年

“无畏”号

船型：潜艇

第二艘“无畏”号战舰是英国第一艘核潜艇，在特拉法尔加海战纪念日下水。

1960年

“伊丽莎白女王”号

船型：航空母舰

这艘新型航空母舰是英国皇家海军有史以来最大的战舰，可搭载60多架飞机。

2017年

“无敌”号

船型：航空母舰

这是皇家海军舰队的航空母舰，曾多次参与战斗。

1977年

次世代战舰

次世代战舰火力惊人，将改变21世纪的海战格局

海战的黄金时代并未在两百年前就已结束。如今，各国都在建造技术最先进、装备最精良的战舰。

从英国全新且强悍的45型驱逐舰，到美国科幻般的朱姆沃尔特级驱逐舰，再到可以全球巡航的航空母舰，各国正在大规模地建造性能越来越强的战舰。

几百年前，基础型重量级战舰只能用舷侧炮攻击敌舰，如今拥有先进的武器系统的战舰能应对来自陆海空以及极端特殊区域的一切威胁。

战舰上的武器系统自不待言。一些导弹射程可达95千米并精准命中目标；加特林航空机炮可以用极快的速度自动追踪目标，进而通过高爆子弹将其摧毁。

虽然现代导弹发射系统仅在几分钟之内就可发射一连串导弹，将目标腹地夷为平地，但与新式军舰上的武器系统相比，仍是小巫见大巫。如今，海军可以向目标连续发射高爆弹等各种武器弹约，可谓无坚不摧。这些最先进的武器系统成为21世纪战舰的缩影。

今天，不止战舰装备了重型武器，就连海岸警卫队、护卫车和民用支援船也都配备了军工级进攻性武器。

显然，世界海战已不再像历史书所述的那样陈腐过时。我们将通过本文了解各种战舰及其武器系统的新进展。

交战规则

决定现代海战胜负的关键时刻和技术

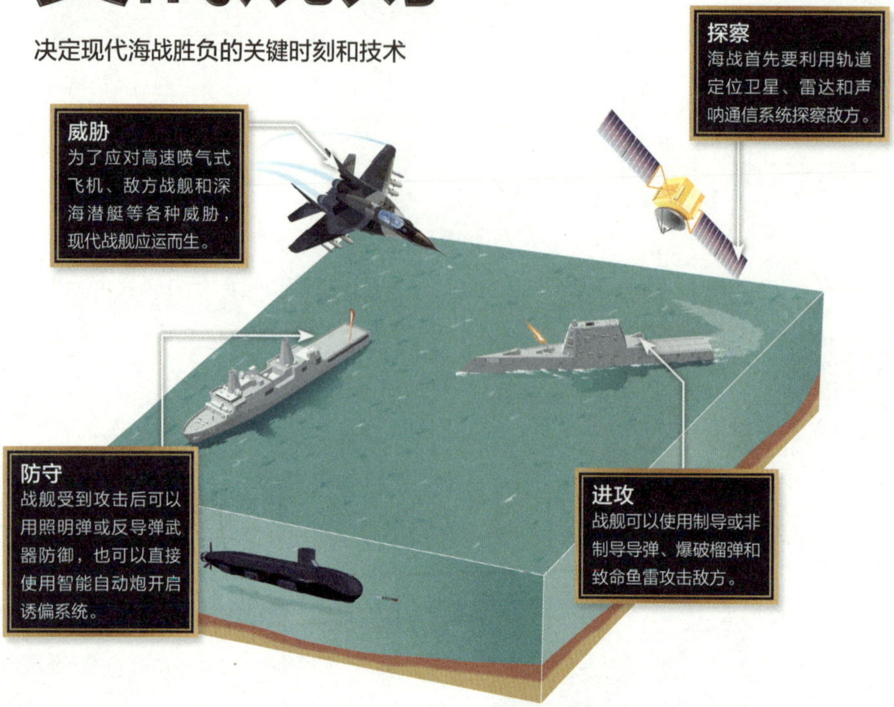

▲ 一艘美国战舰发射了一枚高爆制导鱼雷

▲ “北卡罗来纳”号战列舰上装配了更加传统的41厘米口径舰炮

▲ 一排爆破榴弹被从“爱荷华”号战列舰的MK7舰炮上射出

战舰分类

01 轻型护卫舰

装备轻型武器、操纵性强的轻型护卫舰通常用于海岸作战，是小型战舰的典型代表。如今，隐形的轻型护卫舰越发受到各国青睐。

02 护卫舰

护卫舰是一种装备轻型武器的中型舰艇，通常用于保护其他军用或民用舰船，最近也用于摧毁潜艇。

03 驱逐舰

全副武装的大型驱逐舰可以用于反潜、防空和对海作战，并可在海上连续停留数月之久。

04 巡洋舰

巡洋舰在现代驱逐舰的基础上全方位地增加了武器装备，用途广泛。

05 运输舰

用于向陆上基地或岛屿运送人员、武器装备和军需物资。

显然，世界海战已不再像历史书所述的那样陈腐过时。

武器聚焦

探究战舰上四种最先进的武器

Mk110舰炮

硕大的Mk110舰炮每分钟可以自动发射220发57毫米Mk 295 Mod 0型炮弹（破碎的高爆弹）。在过去百年间，最耐用的舰炮能够同时射发普通大炮和智能大炮，运用炮口测速雷达精准测量初速，迅速切换使用不同的炮弹，并装配了360度无死角的隐形弹道防护。在此基础上，Mk110舰炮还装备了全数字的火控系统，在发射的几毫秒前就可发送精确的指令、选择弹药引信。不过，Mk110的炮弹容量为120发，每次装填耗时3分钟，这也是其无法持续轰炸敌目标的原因所在。

先进舰炮系统

英国宇航系统公司的新型舰炮系统（AGS）能够以超高速和超视距，精准发射弹药。大多数海军都采用传统的非制导炮弹，而先进舰炮系统的独特之处在于发射的是远程对陆攻击炮弹（LRLAP）。这是一种155毫米的精确制导炮弹，配置的底排火箭可将其射程增至105千米。更重要的是，其圆度误差（即精度）只有50米，也就是说即使与目标相距甚远也能精确地瞄准攻击。加之先进舰炮系统中的隐形炮塔每分钟可以同时发射10枚远程对陆攻击炮弹和传统的非制导弹药，其先进性不言而喻。这也是其得到广泛采用的原因所在。

垂直发射式导弹发射装置

垂直发射式导弹发射装置（VLS）是最先进的多导弹发射系统。以前的导弹发射装置只能发射某种特定类型导弹，但现在模块化的垂直发射式导弹发射装置可以在同一系统中发射不同类型的导弹。比如，朱姆沃尔特级驱逐舰上有RIM-162改进型海麻雀导弹、阿斯洛克反潜导弹和战术型战斧巡航导弹，这些导弹均被封装在舰内的发射装置中，从甲板顶部射出。同时，垂直发射式导弹发射装置还改善了舰艇的整体雷达截面，导弹只有在需要的时候出现，难以被敌方探察。此外，垂直发射式导弹发射装置采用制导导弹，上面的高爆弹头依靠雷达或全球定位系统定位目标。

密集阵近程防御武器系统

如今建造的战舰都装备了近程防御武器系统（CIWS），而美国密集阵近程防御武器系统当属其中的佼佼者。这是一种点防御武器，利用20毫米M61加特林航空机炮攻击目标，成功避开了其他战舰的远程攻击。它的独到之处还在于内含两个天线相互独立的先进定位系统，第一个天线用于搜寻目标并提供其方位、速度、距离和高度信息，第二个天线则用于追踪目标直至其进入射程范围。当传感器勘测到目标足够近时，密集阵近程防御武器系统旋即向敌人发起进击。

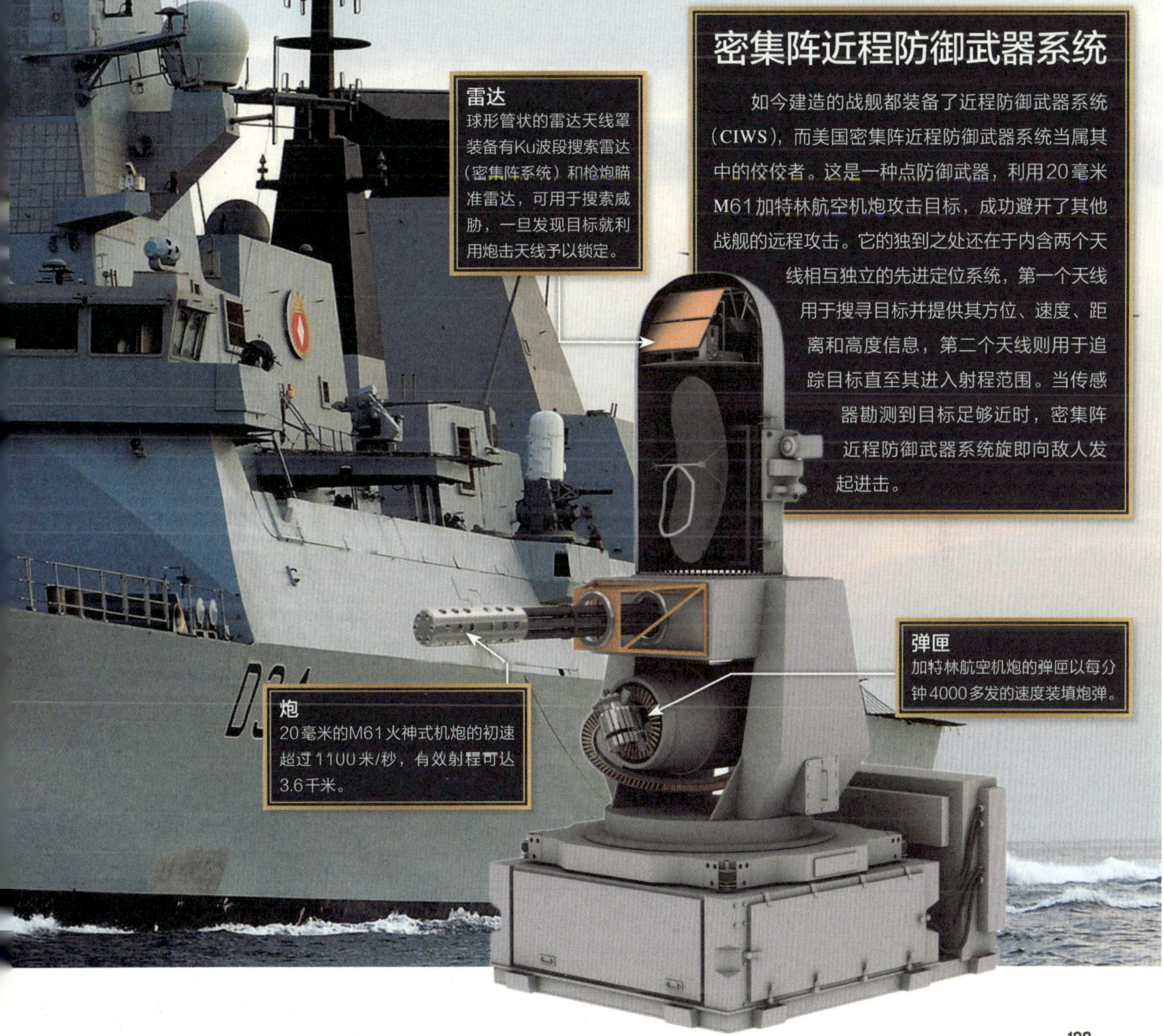

图片所属

9页	Wiki / CC / PD - Art
10页	© Getty，Wiki / CC / PD / William Rainey
12、16、19页	© Alamy
20页	© Alex Pang
21页	© Hanay, 2010
46页	© Alamy
49页	© From Mary Rose Trust
71页	© Rijksmuseum
76、77页	© Nicolle R Fuller
79页	Wiki / CC / PD - Art
88页	© Alamy
101页	Wiki / CC / PD - Art
109页	© Hanay, 2010
133页	© Lionsgate
134—137、140页	Wiki / PD Gov
143页	© Getty
147页	© Alamy
162、163页	© Startpoint
166、168页	© Huntington Ingalls Industries; Getty
171—173页	© Getty; WIKI; Boeing; Illustrations Nicholas Forder
188、189页	© Alamy